西南大学农林经济管理一流培育学科建设系列丛书（第一辑）

西南大学农村经济与管理研究中心专项资助、国家社科基金重大项目（15ZDA023）、重庆市人文社会科学重点研究基地项目（16SKB058）、中国博士后科学基金面上资助（2017M622951）、中央高校基本科研业务费专项资金资助创新团队项目（SWU1709115）、重庆市博士后研究人员科研项目特别资助（Xm2017053）

连片特困地区低碳发展研究

——基于系统分析与生产效率的视角

孔　立◎著

中国财经出版传媒集团
中国财政经济出版社

图书在版编目（CIP）数据

连片特困地区低碳发展研究：基于系统分析与生产效率的视角/孔立著．—北京：中国财政经济出版社，2018.3
（西南大学农林经济管理一流培育学科建设系列丛书．第一辑）
ISBN 978－7－5095－8057－8

Ⅰ.①连…　Ⅱ.①孔…　Ⅲ.①贫困区－低碳经济－经济发展－研究－中国　Ⅳ.①F127

中国版本图书馆CIP数据核字（2018）第029204号

责任编辑：樊清玉　　　　责任校对：胡永立

中国财政经济出版社 出版
URL：http：//ckfz.cfeph.cn
E－mail：cfeph@cfeph.cn

社址：北京市海淀区阜成路甲28号　邮政编码：100142
营销中心电话：010－88191537
天猫网店：中国财政经济出版社旗舰店
网址：https：//zgczjjcbs.tmall.com
北京财经印刷厂印刷　各地新华书店经销
880×1230毫米　32开　8.25印张　190 000字
2018年6月第1版　2018年6月北京第1次印刷
定价：45.00元
ISBN 978－7－5095－8057－8
（图书出现印装问题，本社负责调换）
本社质量投诉电话：010－88190744
打击盗版举报热线：010－88191661　QQ：2242791300

前言

低碳发展是我国应对气候变化和实现生态文明建设目标的重要战略之一。我国连片特困地区大多处于生态脆弱地区，亟须在发展的过程破解“PPE”怪圈，实现“人口—社会—环境”系统的协调发展。低碳发展势必成为贫困地区重要的发展路径之一，同时也为拥有大量生态资源和碳汇资源的贫困地区创造了新的发展契机。关于致贫因素和反贫困理论的研究已有大量成果，但是低碳扶贫/减贫概念的提出和实践尚处于探索阶段，“PPE”怪圈也有了新的时代特征，相关的文献研究较少；兼顾县域尺度和片区尺度的多年度定量分析研究成果也尚不多见。本书尝试从这一角度进行探讨，对我国连片特困地区的低碳发展状况进行更为全面和深入的分析。

为寻求破解“PPE”怪圈的切入点，将“人口—社会—环境”系统解构为“人口—社会”“人口—环境”“社会—环境”子系统并单独分析。以土地资源为媒介，构建产业空间，建立“碳汇资源—土地资源—产业发展—能源消费—碳排放”的逻辑联系与分析范式，完成“人口—社会—环境”系统重构，形成全文的理论框架。本书收集整理了11个连片特困地区共505个县级单位的多年面板数据资料。数据类型包括空间数据和统计数据。空间数据来自多年遥感解译数据，并根据研究需要进行后期处理得到县域尺度数据，用以分析县域尺度和片区尺度的土地资源和碳汇资源变化情况。统计数据则主要包括国民生产总值、各产业增加值、人口、投资等数据，并结合空间矢量数据进行空间化处理，与空间数据进行联合分析。本书主要贡献在于：县域尺度和片区尺度的分析覆盖了全部贫困县市区全域；通过分析“人口—社会—环境”系统耦合协调度寻找系统失衡的首要因素；通过“产业发展—碳排放”脱钩关系分析和低碳生产率分析，从要素效率和技术变化角度探讨了低碳生产效率提升的途径；引入碳汇资源以衡量和预测贫困地区的环境压力变化，并以资源价值的货币化和成本化引导贫困地区生产要素的效率提升。

本书的实证研究结果主要有：

第一，11 个连片特困地区碳排放规模在十年间增长了 138.22%。平均碳排放强度从 1 吨/公顷增长至超过 3 吨/公顷，碳排放规模和强度的分析结果为连片特困地区低碳发展研究提供了必要的研究基础。

第二，“人口—社会—环境”系统耦合协调度分析结果表明，约 40% 的贫困县市区存在系统失衡现象。在所有失衡类型中，严重和极度失衡的占比约为 13%—19%，轻度和中度失衡的占比为 17%—20%，濒临失衡的占比超过了 60%。导致连片特困地区发展失衡的最主要因素依然是“人口—社会”系统的欠发达。因此，解决经济发展滞后是破解“PPE”怪圈的切入点，同时需要选择对其他子系统负面影响最小的经济发展路径。在环境约束与人口规模约束下，以低碳产业发展促进人均 GDP 增长成为连片特困地区实现全面脱贫和生态文明建设目标的必然选择。

第三，“产业发展—碳排放”关系反映了“人口—社会”子系统内部的技术水平变化，产值与碳排放的增长弹性“脱钩”代表着技术水平提升，对改进系统耦合协调关系起到了正向促进作用。提高技术水平，是低碳产业发展的关键环节，是实现人与自然和谐发展、经济社会可持续发展的关键。技术水平变化在“人口—社会—环境”三个子系统的相互影响中起到关键性作用。

第四，以非参数技术效率分析解释技术水平的变化。DEA低碳生产效率分析模型分为农业部门模型和非农产业部门模型，分别在片区尺度和县域尺度进行分析。非农产业部门的效率情况优于农业部门。在整体生产效率达到生产技术前沿或效率值不断提升的片区中，内部个体效率也呈现出较好的发展态势。无效率因素中，投入与产出的无效率贡献率在两个部门之间存在结构性差异。

第五，在县域尺度，从要素投入角度探讨效率提升的对策。在投资维度，核算碳汇资源价值与投资缺口的关系，以现行扶贫资金投入规模和财政补贴政策拟订和调整碳汇资源定价，依据碳盈余和碳平衡指标制定低碳减贫发展的激励政策，对于碳汇资源的价值实现和扶贫资金的投入效率均有积极影响，突出扶贫资源投入的低碳导向。在土地维度，以碳汇资源价值和不同土地类型碳汇能力为依据，将土地要素的生态成本显性化，提高土地利用效率；可探索土地资源价值的生态化、证券化，进而在土地利用类型和规模调整中实现长期化和市场化的补偿，更有利于实现低碳发展和精准扶贫目标。在劳动力维度，从生态迁移、经济迁移和劳动力效率提升方面分析了劳动力要素变化对“人口—社会—环境”系统的多重影响。

第六，进行低碳全要素生产率的动态分析，阐明主要增长来自技术进步。但“技术效率改善”与实现“产业发展—碳排放”脱钩、“人口—社会—环境”协调发展的联系更为紧密。在低碳减贫发展实践中，应重视改善技术效率；在技术进步起主导作用的情况下，须关注技术进步的环境影响属性，兼顾减贫发展的经济目标和环境目标。

第七，引入环境压力和全要素生产率对传统 IPAT 模型和 STIRPAT 模型进行调整，采用岭回归方法对各片区县域面板数据进行分析，剖析不同片区环境压力的影响因素。财富因素是主要影响因素；而人均碳汇资源禀赋尽管普遍发挥作用，但影响偏弱。在技术弹性系数显著的片区中，技术的正向效应可以弥补产业发展所带来的逆向效应。利用 IPAT 模型对 2020 年全面脱贫这一关键时间节点的环境压力进行预测。单方面追求环境目标或减排目标均不利于贫困地区的生态文明建设和脱贫目标实现；以减排目标为中心，适度调低经济发展目标，是较为可行的协调发展方案。

以上述研究结论为基础，提出相关政策建议：以改善技术效率作为当前贫困地区低碳产业发展的主要方向以破解“PPE”怪圈。以碳汇盈余和环境压力变化为标杆引导扶贫资金配置，实现碳汇资源价值，突出扶贫资金投入的低碳导向，使碳汇资源价值在新型城镇化进程和各类扶贫工程中发挥市场化配置资源的作用，助推土地要素的供给侧结构性改革。注重人口经济迁移与生态迁移的协同作用，优化城乡劳动力配置，防止人口过度迁移对生产效率的影响。在技术进步对低碳全要素生产率变化起主导作用的情况下，须关注技术进步的环境属性。从贫困地区的现状和目标出发，以技术效率提升和减排目标为核心，合理调整经济发展目标和环境控制目标。

孔　立

2018 年 1 月

目 录

第1章 引 言

1.1 选题背景

2020年是我国全面建成小康社会，所有贫困县市区和贫困人口的“脱贫摘帽”成为实现目标的关键。进入21世纪以来，绝对贫困人口越来越向少数民族地区、边境地区和一些生存环境恶劣地区集中，连片特困地区是深度贫困的集中代表。2012年，我国仍有1.28亿贫困人口，占农村总人口的13.4%，占全国总人口近1/10；至2015年，国家扶贫办最新摸底调查显示，全国仍有7000万贫困农民，贫困问题仍然严重。在扶贫难度不断加大的情况下，要实现全面脱贫目标，需要对当前的发展和扶贫路径进行优化和调整。

首先，必须明确贫困地区经济发展的环境

约束。我国贫困地区多处于生态脆弱地区；陈健生（2009）研究表明，2002—2006 年纳入扶贫监测统计的国家扶贫工作重点县有 600 个，这些县域都处于生态脆弱地区，其中极强脆弱县 232 个、强度脆弱县 313 个、中度脆弱县 55 个。连片特困地区则是生态脆弱与深度贫困叠加的典型表现。经国家扶贫办统计，大别山等 11 个①集中连片特困地区共涉及 19 个省（市、区）的 505 个县，区域面积 143.3 万平方公里，区域人口 2.28 亿人，其中乡村人口 1.96 亿，贫困发生率为 28.4%，比全国平均水平高出 15.7 个百分点，覆盖了全国 70% 以上的贫困人口②。

大别山片区包括安徽、湖北、河南的 36 个县，土地面积 6.7 万平方公里。该区森林覆盖率低，水土流失严重，是革命老区县集中的地区之一。

大兴安岭南麓片区包括内蒙古、黑龙江、吉林的 19 个县，土地面积约 11 万平方公里，同属革命老区和少数民族地区，是重要的生态功能区。

滇桂黔石漠化片区包括贵州、广西、云南的 80 个县，土地面积约 20 万平方公里。地处有“生态之癌”之称的西南石漠化地区，地形地貌复杂，生态环境脆弱，自然灾害频发，交通等基础设施薄弱，是瑶、壮等少数民族聚集区。

滇西边境片区包括云南的 56 个县，土地面积 19 万平方公里。这一地区地形垂直分布明显，地质灾害严重，是我国的重要生态功能区。

六盘山片区包括甘肃、宁夏、青海的 61 个县，土地面积约

① 在致贫因素、经济发展状况、自然地理情况、人口分布、资源禀赋等方面，西藏、新疆南疆三地州、四省藏区与其他 11 个片区存在明显差异，国家明确将对其实施特殊扶贫政策，上述三个片区未包括在本书研究范围中。

② 国家扶贫办统计资料。

15 万平方公里。这一地区基本包括了我国西北的主要干旱区，年平均降雨量 350—400 毫米，沟壑纵横，植被稀疏，水土流失严重，是我国地质灾害高发区。

罗霄山片区包括江西、湖南的 23 个县，土地面积约 5.2 万平方公里。这一地区地处我国南方红壤区，暴雨频繁，生态失衡，洪涝灾害和水土流失严重。

吕梁山片区包括陕西、山西的 20 个县，土地面积约 3.6 万平方公里。这一地区地形起伏大，土壤贫瘠，干旱和水土流失严重，是重要的生态功能区。

秦巴山片区包括陕西、四川、甘肃、重庆、湖北、河南的 75 个县，土地面积约 22 万平方公里。该片区地处我国自然环境的十字交叉带，具有复杂的生态环境特点，保护生物多样性与发展地区经济的矛盾比较突出，是重要的生态功能区。

武陵山片区包括湖北、湖南、重庆、贵州的 64 个县，土地面积约 16 万平方公里。该片区是我国跨省交界面积最大、人口最多的少数民族聚居区。一般海拔高度 1000 米以上，地貌呈岩溶发育状态，是我国地质灾害高发区。该区交通不便，基础设施建设滞后，经济落后，贫困面大，贫困度深。

乌蒙山片区包括贵州、云南、四川的 38 个县，土地面积约 11 万平方公里。该片区气候和自然环境恶劣多变，土壤贫瘠，自然灾害频繁，生活环境恶劣，地方病高发。

燕山太行山片区包括河北、内蒙古的 33 个县，土地面积约 9.3 万平方公里。这一地区地貌破碎，生态环境脆弱，是京津风沙源地和水源地，是重要的生态功能区。

脱贫发展路径需要与生态环境特性相匹配。生态脆弱意味着该区域环境承载力弱，难以承受传统工业化和城镇化路径所带来的高环境压力。在生态脆弱的贫困地带，忽略生态成本而一味强调开发将陷入“人口贫困—资源开发—环境退化—贫困加剧”的恶性循环。

其次，脱贫发展路径必须与国家发展战略和生态文明建设的总目标保持一致性。2010年国务院发布了《全国主体功能区规划》① 把大小兴安岭森林生态功能区等25个地区作为国家重点生态功能区限制开发，总面积约386万平方公里。这些区域的功能定位是：保障国家生态安全的重要区域，人与自然和谐相处的示范区。其发展方向是“以保护和修复生态环境、提供生态产品为首要任务，因地制宜地发展不影响主体功能定位的适宜产业，引导超载人口逐步有序转移。”25个区域被划分为重点生态功能区，分为水源涵养型、水土保持型、防风固沙型和生物多样性维护型四种类型，都强调“对各类开发活动进行严格管制，减少对自然生态系统的干扰，不得损害生态系统的稳定和完整性”的发展原则。在此基础上，《全国主体功能区规划》将国家级自然保护区、世界文化自然遗产、国家级风景名胜区、国家森林公园、国家地质公园等列为禁止开发区域，这些区域共计1443处，总面积约120万平方公里。禁止开发区域的功能定位是“我国保护自然文化资源的重要区域，珍稀动植物基因资源保护地。”其管制原则是“依据法律法规规定和相关规划实施强制性保护，严格控制人为因素对自然生态和文化自然遗产原真性、完整性的干扰，严禁不符合主体功能定位的各类开发活动，引导人口逐步有序转移，实现污染物‘零排放’，提高环境质量。”可见，限制开发区和禁止开发区都强调了生态建设的重要性，资源粗放开发和传统工业化道路并不适用。然而，集中连片

① 《国务院关于印发全国主体功能区规划的通知》，http：//www.gov.cn/zwgk/2011-06/08/content_1879180.htm。

特困区基本上都处于限制开发和禁止开发区域上，最新公布的592① 个国家级贫困县名单中，绝大部分位于这些区域。11 个连片特困地区普遍承担着经济社会发展与生态保护的双重任务，一方面是生态脆弱，区位劣势，资源匮乏，不适宜工业化；另一方面是限制和禁止开发。这就决定了减贫发展必须转向以生态文明建设为核心，实现扶贫开发与生态建设相结合的新路径。

再次，减贫发展路径须与应对全球气候变化，实现减排目标保持一致性。贫困地区是遭受全球变暖影响最大的地区之一，贫困人口受资源和能力限制，应对气候变化的能力不足。许吟隆等（2009）在绿色和平组织和乐施会的研究报告中指出气候变化已成为我国贫困地区致贫甚至返贫的重要原因。95% 的中国绝对贫困人口生活在生态环境极度脆弱的地区，已经成为气候变化的最大受害者。在减贫脱贫的关键发展期，若不注重低碳发展方式，碳排放强度和规模可能骤增，不仅对我国节能减排目标的实现产生负面影响，也会对贫困地区实现减贫发展目标造成严重阻碍。另一方面，大量贫困地区森林覆盖率高，具有丰富的碳汇资源，在应对气候变化和发展低碳经济背景下成为了新兴战略资源；资源的有效合理开发能够为精准扶贫工作注入新的生产要素。

在环境约束、生态文明建设和应对气候变化的背景下，连片特困地区低碳发展的路径应运而生，减少经济社会发展的碳排放规模，降低人类活动对环境的压力，使减贫脱贫的进程与建设资源节约型、环境友好型和生态文明型社会同步。

① 根据扶贫办提供的资料，11 个连片特困地区共包括 505 个县级行政单位；西藏、新疆南疆三地州、四省藏区未包括在本书的研究范围中。

1.2 研究目的和意义

1.2.1 研究目的

本书在相关理论、概念基础上，提出基于贫困地区资源禀赋和要素特征的连片特困地区低碳发展分析框架，从环境约束、效率提升、资源价值、要素成本等角度进行分析和研究，以期为连片特困地区低碳发展路径的探索和实践提供相关的理论和实证支持。

第一，运用资源经济学、环境经济学、生态经济学等相关理论，利用空间数据和空间分析方法，分别在片区尺度和县域尺度对我国连片特困地区的碳排放和碳汇资源状况进行比较分析，为低碳发展的研究和开展提供依据和基础。

第二，结合理论分析和统计分析，分析资源约束条件下连片特困地区“人口—社会—环境”系统的耦合协调发展状况，分析导致“PPE”怪圈的首要因素，确定低碳减贫发展的主要方向。

第三，在掌握资源禀赋特征、社会经济状况及碳排放状况基础上，对连片特困地区低碳生产效率进行动态和静态分析；建立“系统耦合—技术水平—生产效率”之间的联系。

第四，以土地资源和碳汇资源作为贫困地区低碳发展的核心资源，将资源价值实现与要素效率提升、经济社会发展相结合，探讨碳汇资源“核算—定价—实现”的路径，为建立效率提升、资源保护、要素配置、精准有效扶贫的低碳发展战略提供依据。

1.2.2 研究意义

理论意义：从环境约束和生态文明建设角度，对“PPE”怪圈的新特性和首要因素进行分析；以土地资源为核心，解构和重构“人口—社会—环境”系统，探讨如何破解“PPE”怪圈，剖析改善当前连片特困地区深度复杂贫困状态的切入点。

学术价值：通过低碳生产效率分析，分析要素投入效率和技术水平提升对连片特困地区“人口—社会—环境”系统协调发展的促进作用，分析当前贫困地区生产要素配置的提升空间。引入碳汇资源概念，将碳汇资源价值实现与投资缺口、扶贫资金配置相结合，将碳汇资源保护与要素投入效率、供给侧改革结合，将碳汇资源确权与扶贫资源分配、精准扶贫相结合。

实践意义：全面反映连片特困地区环境约束、资源禀赋、经济社会发展状况，对不同区域尺度和不同产业部门同时进行对比分析，研究范围覆盖连片特困地区的所有贫困县市区。对连片特困地区环境压力的影响因素进行分析，并预测未来发展趋势，为设置贫困地区经济建设和生态文明建设的合理目标提出建议。

1.3 研究内容

连片特困地区的发展困境是“PPE”怪圈的典型表现，减贫与脱贫需要破解这一怪圈，实现“人口—社会—环境”系统的协调发展。

首先，需要寻找导致系统失衡和发展困境的首要因素。寻求经济社会发展与破解困境的结合点和在发展中破解困境的路径。这既是贫困地区实现低碳发展的切入点，也是本书研究的切入点。

其次，是资源问题。贫困地区的发展必然需要资源和生产要素的支撑，发展路径的选择需要与自身的资源禀赋和要素条件相匹配。对于能够支撑贫困地区可持续发展的资源，要求有如下属性：在贫困地区广泛分布，体量较大，具有价值和交易价值，并且符合低碳发展导向。传统生产要素中，贫困地区资金本就稀缺，大量的扶贫资金来源于外部的专项扶贫资金或转移支付；劳动力流动性强，市场价值容易实现，能够改变个体贫困状态，但单纯的劳动力输出未能有效促进贫困地区的整体发展。土地资源是贫困地区最具优势的资源，但在空间上不具备可移动性，产权不明晰，交易价值难以实现。当前土地定价依赖于土地的经济产出，贫困地区的地理区位劣势决定了物流与人流的高成本，也导致了信息流的高成本，明显处于竞争劣势。因而，在传统视角下对资源的定位和开发难以有效破解“PPE”困境，这也是连片特困地区贫困状况难以改善的原因，同时与低碳发展导向并不吻合。

再次，是效率问题。效率问题包括了至少三个方面，经济效率、环境效率和扶贫效率。传统发展模式过于强调 GDP 增长，环境效率往往并未成为考量的重点，导致在要素投入中忽略了对生态影响的度量，对生态脆弱地区的可持续发展产生负面影响。在新一轮的扶贫规划目标和考核中，GDP 目标比重下降，发展重心从产出侧转向供给侧，贫困地区应重视自身的资源禀赋特性，发挥比较优势，提高要素投入效率和生产效率，提升经济社会发展的质量。对资源和要素的生态成本进行核算，将生态成本纳入考量范围，将是提高环境效率的关键环节，能够更为有效地协调经济社会发展和生态文明建设。扶贫效率从另一个角度考察扶贫资源的投入产出效率，要求个体发展与整体发展同步，让贫困群众分享经济社会发展的收益。这就要求贫困个体能够参与资源合理分配和效率提升，需要以资源和效率的量化度量为基础。

贫困地区如何在资源稀缺的情况实现要素有效配置，尤其是实现内部资源与外部资源的有效对接，是实现低碳发展的关键。在以上的背景下，引入了碳汇资源的概念。在生态文明建设和低碳发展目标的约束下，碳汇资源成为了新兴战略资源。自然属性方面，碳汇资源与土地利用关联性强，并且属于低密度资源，需要大规模的地域面积与之匹配，因而在贫困地区广泛分布。商品属性方面，在传统商品交易机制下，因远离市场，贫困地区的土地产出品交易受制于物流、人流、信息流的成本，交易成本高，土地的经济价值难以实现；但依附于土地之上的碳汇资源则参与了区域和全球范围的碳循环，本身已经通过自然界的循环完成了价值转移。参考已广泛实施的碳交易框架，无需有形商品的转移即可实现交易，碳汇资源价值的有效实现成为可能，同时也能够反映土地资源的重要性和价值性。产权属性方面，碳汇资源是一种典型的“公共物品”，难以通过市场交易实现价值。基于土地利用的碳汇资源核算首先解决了确权问题，土地资源是国家重点监管的战略资源，在管理制度和管理技术方面已具有相当基础，而基于土地的碳汇资源计量在生态学领域有较多的研究和实践，同样具备可行性。通过土地确权登记即可实现碳汇资源的确权。将国家与社会的扶贫资源投放与碳汇资源相结合，则为解决碳汇资源的定价问题提供了新的思路，同时形成土地等生产要素的生态成本。将碳汇资源与要素成本相结合，碳汇资源的开发利用与扶贫工作相结合，实现碳汇资源的生产、保护、计量、确权、交易。土地和碳汇资源正是实现低碳发展与精准扶贫、经济发展与环境保护、产业规模扩张与要素效率提升的有机结合点。

依据上述研究思路，本书研究内容共11章，分为五大板块：

第一板块：引言、文献综述和理论框架。这一板块对研究的背景、意义、目标进行论述，并根据文献研究的结果形成全书的理论框架，包括第1章和第2章。（1）引言。通过文献和数据资料为连片特困地区低碳发展研究提供必要的背景材料，并论述全书的研究思路与技术路线。（2）文献综述与理论框架。对文献进行梳理，尤其从致贫因素、反贫困理论与实践、生态绿色减贫、低碳扶贫发展等角度对文献进行重点梳理，提出“人口—社会—环境”的系统分析框架。为破解“PPE”怪圈，将系统解构为“人口—社会”“人口—环境”和“社会—环境”子系统予以独立分析；通过构建“产业空间”，以土地资源为载体实现“人口—社会—环境”系统的重构，形成全书的理论框架。

第二板块：基础数据的处理和分析。第一板块构建了研究的理论基础，第二板块提供实证研究的基础数据，计算得到碳排放和碳汇等数据用于后续章节的分析。包括第3章和第4章。（3）数据来源及研究方法。对低碳发展研究所涉及的大量片区尺度和县域尺度空间数据和统计数据进行整理和分析。并对全书所涉及的定量分析方法、产业空间构建方法、碳汇和碳排放规模和强度计算方法进行了详细论述。（4）连片特困地区碳排放状况研究。根据产业空间构建方法，利用土地利用现状和能源消费数据估算连片特困地区能源消费碳排放规模。就其排放规模发展趋势和不同土地利用类型排放强度进行分析。

第三板块：系统分析。根据第一板块构建的“人口—社会—环境”系统和第二板块整理计算得出的基础数据，进行实证分析。既包括“人口—社会—环境”系统的耦合分析，也包括“人口—社会”子系统内部的脱钩分析，包括第5章和第6章。（5）“人口—社会—环境”耦合关系分析。从系统协调发展角度剖析如何破解“PPE”怪圈，明确贫困地区低碳发展的难点和重点。(6)“产业发展—碳排放”脱钩关系分析。在耦合分析结果的基础上，通过产业发展和碳排放的变化弹性脱钩关系分析，探讨技术水平对破解“PPE”怪圈，促进系统协调发展的重要作用。

第四板块：生产效率分析。在第三板块分析“产业发展—碳排放”脱钩关系分析的基础上，运用生产效率分析解释技术水平变化的原因。并根据生产率的分析结果，提出效率提升的对策，共包括第7章至第10章。(7)低碳生产效率分析。应用数据包络分析（DEA）方法对贫困地区的两部门低碳生产效率进行分析，以效率指标量化技术水平的变化，并进行无效率影响因素分析。(8)效率提升：要素维度。根据DEA分析结果，探讨投资、劳动力、土地三大要素投入规模改进与效率提升、环境压力、碳汇资源和低碳发展的关系。(9)效率提升：技术维度。对不同片区低碳生产率的变化进行动态分析和因素分析，对全要素生产率与“人口—社会—环境”系统耦合状态的变化关系进行研究。(10)环境压力影响因素分析和预测。对IPAT和STIRPAT模型进行发展和修正，将低碳全要素生产率和碳汇资源规模引入模型，分析影响连片特困地区环境压力的主要因素，并预测未来的发展状况。

第五板块：结论与政策建议，包括第11章。根据理论研究和实证分析的结果，对我国连片特困地区低碳发展的可行路径和低碳扶贫战略规划提出政策建议。

本书分析框架见图1-1。

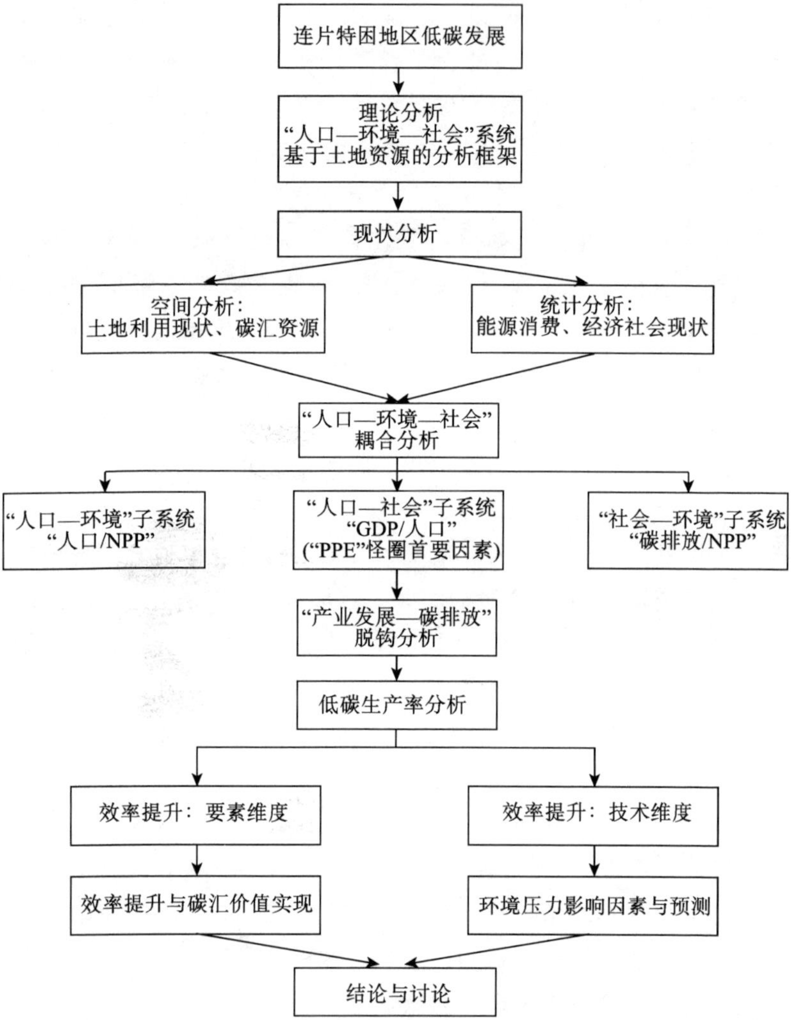

连片特困地区低碳发展
理论分析
“人口—环境—社会”系统
基于土地资源的分析框架
现状分析
空间分析：
土地利用现状、碳汇资源
统计分析：
能源消费、经济社会现状
“人口—环境—社会”
耦合分析
“人口—环境”子系统
“人口/NPP”
“人口—社会”子系统
“GDP/人口”
(“PPE”怪圈首要因素)
“社会—环境”子系统
“碳排放/NPP”
“产业发展—碳排放”
脱钩分析
低碳生产率分析
效率提升：要素维度
效率提升：技术维度
效率提升与碳汇价值实现
环境压力影响因素与预测
结论与讨论

图 1－1　分析框架图

1.4 研究的创新及不足之处

1.4.1 创新之处

（1）研究区域和尺度的创新。连片特困地区通常跨省域分布，片区尺度和县域尺度数据统计口径的一致性和延续性较差。借助空间分析技术，能够减少行政区划对获取数据和开展研究的限制；对11个连片特困地区的所有贫困县市区进行片区尺度和县域尺度的研究，能够更为全面深入地反映我国连片特困地区低碳发展情况。长时间跨度的对比分析在片区尺度上能够反映连片特困地区的整体发展情况，在县域尺度上有助于具体扶贫政策和措施的制定，本书的研究同时包括以上两个方面。

（2）构建以土地资源为核心的分析范式。论证了土地资源在人口分布、产业发展和碳汇资源等方面的重要性；在此基础上，借鉴“产业空间”概念，建立“土地利用—产业发展—碳排放”的逻辑关系。以土地利用类型变化反映各子系统的状态变化，以土地资源为核心重构“人口—社会—环境”系统，形成全书的理论框架。

（3）聚焦要素效率提升和碳汇价值实现。从要素效率角度探讨提升贫困地区低碳生产率和实现低碳发展的改进方向。分析要素投入效率改进对提升经济效率、环境效率、扶贫效率的促进作用。引入碳汇资源价值概念，估算生产要素的环境成本，有助于全面衡量要素的投入效率，符合供给侧改革的导向。通过碳汇资源价值将环境成本、要素效率、资源分配等纳入统一的体系中，将贫困地区产业发展与低碳减贫发展、精准扶贫联系起来，体现低碳发展的核心目标。

1.4.2 不足之处

（1）碳汇资源的价值实现。依据土地资源和 NPP 生产能力提出了碳汇资源量化和价值实现的思路，但具体方法和措施尚未细化。作为贫困地区低碳发展和低碳扶贫政策制定的关键性环节，需要开展进一步研究。

（2）空间数据的精度。研究所需的数据均是基于全国遥感数据解译和处理而得，能够保证数据的统一性和延续性，反映“人口—社会—环境”系统状态的连续变化。在制定具体政策时，可考虑使用小尺度、高精度数据开展针对性的研究。

（3）数据及时性。因数据时滞的原因，近年的空间数据和统计数据均未得到补充，研究结果的时效性和延续性尚待提升，需要在下一阶段的研究中及时补充近期数据，缩短分析的时间间隔，反映连片特困地区的最新发展动态。

（4）特殊区域的深入分析。本书主要对贫困地区的共性进行了研究；但对滇西边境片区等特殊片区，以及各片区内部特殊区域的针对性研究有限，需要在后期研究中予以补充。

（5）土地利用的碳排放/碳汇影响。本书以土地资源为载体对能源消费碳排放（第一大碳源）进行了研究。在下一步的研究中，需对土地利用（第二大碳源）自身的碳排放/碳汇影响进行更为深入的研究，更全面地揭示贫困地区经济社会发展对生态环境的影响机理。

第2章 文献综述与理论架构

贫困问题是全社会关注的永恒主题。对贫困问题的研究由来已久，无论是国外学者，还是国内学者均在贫困的定义、贫困的成因、反贫困模式等方面做了大量研究，形成了丰富的研究成果。梳理和分析贫困与反贫困理论，对于开展后续研究具有十分重要的指引作用。

2.1　文献综述

2.1.1　致贫因素与“PPE”怪圈

据国务院扶贫办最新摸底调查显示：目前，全国现有的 7000 多万贫困农民中，因病致贫的有 42%；因灾致贫的有 20%；因学致贫的有 10%；因劳动能力弱致贫的有 8%；其他原因致贫的有 20%[①]。这一最新的调查结果反映了贫困个体的致贫因素。贫困个体在财富不充裕的情况下，抗风险能力弱，病、灾等冲击因素导致了贫困程度加深或返贫。本书希望探讨的致贫因素并非“冲击因素”，而是导致贫困地区整体发展水平受限的深层次原因。

马克思最早从制度层面上解释了贫困的根源，提出了贫困制度分析理论，从社会系统内部分析贫困的缘由。而马尔萨斯则更早从“人口”视角对贫困原因进行理论分析，认为制度并非主要原因，人口增长过快导致了贫困的困境；但其研究结论也受到了众多学者的批判。进入 20 世纪，“经济”视角的贫困问题理论研究成为了主流。更多学者从人均资本、收入和国民收入的角度出发，得出了贫困状态难以改善的“低水平均衡陷阱”；认为破解贫困的关键在于保证足够的投资率。福利经济学将贫困归因于资源分配问题，认为国家的收入再分配和转移支付政策能够减少社会贫富差距。前者更为重视“创造性努力”对贫困状态的改善，而后者更为重视“分配性努力”的减贫作用。收入再分配和转移支付能够在短期内缓解局部范围的贫困问题，但是若无法转化成有效投资，依然无法破解“低水平均衡陷阱”，从根本上缓解普遍的贫困问题。阿马蒂亚·森则将收入视为能力的反映，认为贫困的本质是能力的缺乏；其研究重新回归和发展了“人口”视角，对于人的能力、权利与贫困的关系进行了研究。缪尔达尔则将贫困视为复杂系统问题，其研究包括了制度、文化、经济等多个视角，认为贫困不仅缘于资本稀缺，而且还是社会、经济、政治、制度等方面诸多因素的综合结果，提出了

① 国务院扶贫办：五大类原因致贫，http：//m. news. cntv. cn/2015/11/21/ARTI1448082051328733. shtml。

"循环积累因果关系" 理论。

基于系统思维的角度，本书更为赞同"地理环境导致贫困"的观点。地理环境导致贫困是人文环境失衡在自然环境中的反映，它通过生活必需品缺乏、生产力落后、自然资本折旧和人文环境失败四个递进层次，联系体制、环境和贫困之间的相关作用，深刻地诊释了贫困的成因（曹洪民，1997）。贫困现象作为一种经济社会现象的表现形式，由其背后的多重因素所导致，这些因素最终将落脚在人与自然的关系上，这种关系通过"自然—资源—社会"的逻辑联系最终反映为经济上的贫困和发展上的落后。

我国连片特困地区多为老少边穷地区，多种制约因素的积累作用导致深度贫困状态，可视为"循环积累因果关系"理论的具体表现。但该理论并未强调自然环境与贫困的直接交互作用。陈健生（2009）指出我国的贫困地区与生态脆弱区高度重合，因而在分析连片特困地区致贫因素时，更应注重对多种致贫因素"积累效应"的分析，尤其是环境因素、生态因素和资源因素与贫困的关系。

人口、资源、环境与经济社会发展的相互影响是环境经济学、资源经济学等一系列交叉学科长久以来的研究重点。Grant J P. 提出在发展中国家，尤其是贫困地区，广泛存在着"PPE"怪圈现象（杜茎深等，2008），是指贫困、人口和环境之间形成的一种互为因果的关系。确切地说，是指"贫困—人口增长—环境恶化"之间的恶性循环。因而"PPE"怪圈被用作解释贫困机制的一种理论模式（聂华林，2002）。在资本稀缺的状态下，劳动力成为主要生产要素，从而导致了贫困个体选择以增加人口的方式来提高生产力；人口的快速增长，以土地为代表的人均资源禀赋短缺现象加剧。而劳动力在缺乏教育、投资等资源与之匹配的情况下，生产率并未得到提升，贫困状态难以得到改善；与此同时，贫困人口规模增长，不得不选择对土地等自然资源的进一步开发利用；在技术要素同样稀缺的情况下，极易造成自然资源的快速消耗，生态压力骤增。在缺乏有效减贫路径的情况下，这一作用机理不断重复，形成了“PPE”怪圈。对于我国贫困地区的“PPE”怪圈研究多以土地或耕地作为资源变量。郭来喜等（1995）在对贫困县进行分类的基础上，认为土地退化与贫困状态密切相关。赵名茶（1995）以桂西北地区为研究对象，建立贫困度分析模型，发现贫困的首要因素是区域内的土地退化。慈龙骏（2000）以毛乌素沙漠为例，分析了荒漠化与人口密度之间的相关关系。王荣（2010）以西南喀斯特地区为研究对象，论证了“贫困—人口—土地退化”之间的恶性循环状态。杜茎深等（2008）对贫困与土地退化关系的主流观点进行了反思，论证了经济层面的贫困仅仅是导致土地退化的诸多因素之一。贫困地区的土地退化与发达地区的非合理需求之间存在关联。在弱势市场交易地位和弱势话语权的情况下，贫困地区损耗或输出内部生态资源以满足发达地区的需求，导致了土地退化和生态资源过量消耗；这一情况也间接说明了传统扶贫发展模式存在的弊端。

2.1.2 反贫困基本理论与模式

（1）反贫困基本理论

基于投资和产业发展视角的反贫困理论。根据对致贫因素的研究，延伸出不同的反贫困理论。其中最主要的是针对“投资率”不足，提出以资本增长和产业发展为核心的反贫困理论。欠发达地区和国家资本稀缺，因而打破“投资率”不足的有效做法是采用差别化的产业发展和投资策略以破解“低水平均衡陷阱”，也形成了多种具有代表性的理论。罗森斯坦 – 罗丹以东欧和东南欧国家为研究对象，指出工业部门劳动生产率和工资收入方面较农业部门具有比较优势，因而发展中国家和地区摆脱贫困的唯一出路是大力发展工业，实现经济发展。并在此基础上对产业链的相关部门进行投资，形成“外部经济效益”。在工业化优先的前提下，平衡增长理论又强调了工业部门内部的平衡发展；这一理论是建立在生产函数的不可分性上，只有达到一定规模才会产生外部经济效果。但是，资本形成是一个逐步积累的过程，现实中欠发达国家和地区难以通过全面、大规模的投资推进工业化进程（曲玮，2008）。针对平衡发展理论的不足之处，赫希曼等经济学家提出了不平衡增长理论。该理论认为国民经济部门中资本产出比或利润率较高的主导部门应得到优先投资和发展。主导部门的发展能够对其他部门起到引领和带动作用，形成“不均衡链条”。该理论强调要维持产业部门之间的相对不均衡状态，以实现投资的高效率，并保持经济发展的活力（赫希曼，1991）。不平衡增长理论以其独特的、比较合乎实际的理论构想，对发展中国家的反贫困战略产生了深远的影响。以上两种理论都是基于产业部门差异而提出的。而佩鲁则进一步注意到了产业聚集的情况，将产业发展与区域发展更为直接的联系起来，从而对贫困地区的脱贫路径有了更为明确的指引。发展极理论继承了不平衡增长理论的观点，强调投资和发展应集中于效率更高的主导产业或部门，同时认识到地理集中的企业之间和产业之间的有机联合对工业化进程有着重要意义。基于贫困地区资源稀缺的状况，需要选择特定产业或区域重点投资，形成“极化效应”；再通过“涓滴效应”把增长势头通过资本、技术、组织要素等渠道向周边地区和相关产业扩散，最终带动整个地区所有产业的发展，改善整个地区的贫困状态（曾坤生，1994）。

基于人口视角的反贫困理论。通过产业和区域发展来改变个体的贫困状况，需要主导产业和部门吸纳大量的贫困人口，提升劳动生产率和工资水平。结合人口视角的致贫因素理论，相当多的学者对劳动力转移与解决贫困问题之间的关系进行研究。其中刘易斯“二元经济模型”是最为典型的成果。该模型将欠发达国家和地区分为两个异质的产业部门，即传统农业部门和现代工业部门。在重视两部门生产率差异的同时，强调了农业部门的劳动力过剩和部门之间的劳动力转移。该理论提出了工资差异、无限弹性劳动力供给曲线等假设，论证了农业部门劳动力转移与工资收入增长之间的阶段性差异。不平衡增长理论和发展极理论的产业和区域发展模式，通过劳动力转移，实现了贫困人口的状态改变。二元经济模型在分析人口与生产率的关系时，劳动力效率差异是产业的属性，而非人的属性。舒尔茨则将人口素质作为影响贫困状态的内生变量，提出了促进人力资本形成的反贫困理论。该理论强调经济发展并不决定于自然资源禀赋和资本存量，而主要取决于人口的质量。传统农业过于依赖特定的生产要素，而忽略了劳动力素质的提升，致使农业劳动生产率增长缓慢，导致了贫困问题。改造传统农业必须引进新的生产要素，对农民进行人力资本投资，提高职业水平十分必要（舒尔茨，2002）。阿马蒂亚·森（2001）根据“能力致贫”和“权利致贫”理论提出了以提升个体可行能力和权利保护的反贫困理论。

基于综合视角的反贫困理论，缪尔达尔（1992）在分析论证发展中国家贫困的“循环累积因果关系理论”的基础上，从经济、政治、文化和社会等不同角度全面系统地探讨了南亚和东南亚国家贫困的原因和阻碍发展的症结，提出了发展中国家反贫困的结论和建议，形成缪尔达尔的综合反贫理论模式。其理论核心内容是：发展中国家要想摆脱贫困，需要发达国家更多地关心与更实质性的奉献；除此之外，最为重要的是不发达国家自身所需要的改革政策，发展需要比发达国家更快、更为有效的大规模改革。缪尔达尔的反贫理论是从经济、社会、政治多角度来研究反贫困问题，为世界反贫困理论与模式提供了新的思路和方法，并对发展中国家尤其是南亚和东南亚国家的发展产生了深刻的影响。

（2）反贫困模式与实践

多数反贫困模式和实践都强调通过赶超型经济发展以实现区域经济社会发展水平达到贫困标准以上。由于经济社会发展阶段和贫困人口分布差异，国外反贫困模式和实践更注重于工业化、城镇化和偏重 GDP 增长的基本思路，使贫困地区的产业发展和区域发展融入工业化和城镇化的进程之中。这一特征在发展中国家和地区表现得尤为明显，往往需首先通过差异化的区域和产业发展政策形成工业化和城镇化的“发展极”以带动减贫发展。而发达地区和国家重点在于平衡不同发展阶段的区域发展和社会阶层差异问题；并且在反贫困实践中更为注重人与自然的和谐发展，减少对生态环境的破坏。何芳等（2015）对美日两国的区域减贫典型模式进行了分析。美国阿巴拉契亚地区曾是美国最大的煤炭产区、第二大盐产区和第三大生铁产区，但在第二次工业革命中落伍，沦为美国最贫穷的地区，且早期滥垦滥伐导致的水土流失、采煤燃煤带来的水污染与空气污染等恶果显露，地区经济社会陷入贫困与环境退化的恶性循环。1964 年，美国政府成立跨区域的“阿巴拉契亚区域委员会”，并制定实施《阿巴拉契亚区域开发法》，启动了该区域的扶贫开发。通过加强基础设施投资、改善区域生态环境、培育区域经济中心、发展特色产业，实现了良好的减贫效果。贫困率从 1960 年的 30.9% 下降到 2000 年的 13.6%；至 2014 年，该地区已有 13 个县进入全美经济实力前25%的强县行列，有202个县成功脱贫。日本北海道地区因气候、土壤、人口等原因，经济社会发展曾严重滞后。第二次世界大战之后，日本政府建立中央和地方两级开发机构，颁布《北海道开发法》，启动该地区的扶贫开发。通过财政金融支持、因地制宜的城市化建设、构建有利于环境保护的产业机构等措施，实现了北海道地区的跨越式发展，经济规模已与芬兰、爱尔兰等欧洲国家相当。美日两国在第二次世界大战之后的反贫困实践都体现了国家支持和生态开发的特点。在国家支持方面，“阿巴拉契亚区域委员会”主席由总统直接任命，引导、组织13个州跨区域联动与合作减贫；北海道地区则形成了中央直辖、地方辅助的开发体制。在生态开发方面，阿巴拉契亚地区通过恢复生态环境，将生态旅游发展成为支柱产业。北海道地区的生态发展模式更具特色。根据人口资源禀赋，重点建设中小城市，增强城市活力。重点发展农、渔、旅游、物流等产业，形成第一、第三产业的比较优势，第二产业在区域经济中的比重则低于日本平均水平，降低了经济发展对资源环境的压力。北海道于1978年在日本率先制定实施了《环境影响评价条例》，降低开发建设对环境的负面影响，建设自然共生型社会。

新中国成立以来，特别是改革开放之后，我国的反贫困实践与经济社会的总体发展融为一体，1978年之后，我国农村改革起步，家庭联产承包责任制极大地优化了农业生产经营体制，在促进农业生产规模扩大的同时，也产生很好的减贫效应。从20世纪80年代中期开始，国务院成立专门工作机构，统筹全国范围的扶贫开发工作，有计划、有组织、大规模的扶贫开发工作开始逐步实施。90年代之后，“八七扶贫攻坚计划”和中国农村扶贫发展纲要开始实施，扶贫开发模式发生重大转变，由道义性扶贫向制度性扶贫转变，由救济式扶贫向开发式扶贫转变，由扶持贫困地区向扶持贫困村、贫困户转变。进入21世纪，连片特困地区成为扶贫开发的主要区域，精准扶贫成为全面实现小康社会的关键环节。

众多学者对我国的反贫困模式进行了研究和梳理。因贫困区域分布广泛，贫困机理复杂，反贫困研究多集中于对特定区域实践的经验总结。

作为较早关注扶贫模式研究的学者，汪三贵（1997）认为贫困地区的经济开发模式可概括为以资源开发为主体的资源依托型，以资金积累为主的资产积累型和以技术带动的技术驱动型。

朱凤歧（1997）总结了五种扶贫模式，即直接扶贫农户的模式、农民自愿组成合作互助组织的扶贫模式、开发项目建设的扶贫模式、组织社会力量的扶贫模式、东西合作帮扶的扶贫模式。

中国改革发展研究院“反贫困研究”课题组（1998）首次明确提出“扶贫模式”的概念，并提出七种有代表性的反贫困组织和操作模式：山区综合开发、温饱工程、人力资源开发、“巾帼扶贫”行动、小额信贷扶贫、以工代赈和项目带动农户经济发展模式。

国家统计局农调队（2000）在我国农村扶贫开发战略研究中，根据政府扶贫资金的投入方式相应地提出三种模式：贴息贷款扶贫模式、以工代赈扶贫模式和财政扶贫模式。

胡鞍钢（2003）认为我国西部地区面临着经济发展速度减缓，生态环境恶化、社会经济发展滞后等诸多挑战；其中缓解贫困应当放在最优先发展的位置，并从经济贫困、物质缺乏与精神贫困角度讨论了反贫困战略的调整方向；认为应更加关注精神层面的困难，由过去单纯的关注经济贫困和收入不足转向关注知识贫困、权利贫困以及人力资源贫困等方面。

赵曦等（2008）从能力和权利角度提出制度和治理是反贫困的关键环节，需要通过确立法律制度，完善政策体系，建立参与机制与加强监督机制等方式形成制度规范下的反贫困治理机构。

杨士兵（2011）认为我国改革开放以前处于扶贫的起步阶段，主要采取“输血”救济式扶贫；改革开放以来，在总结上一阶段扶贫事业正反两方面经验教训的基础上，实施了大规模、有计划的“造血”开发式扶贫战略。并在开发式反贫困的总模式下，总结出具体的十种反贫困模式。

在新的时代背景下，反贫困的目标和环境发生了剧烈变化，部分学者也对实施多年的扶贫模式进行了反思。郑风田（2012）提出在贫困人口广泛分布的情况下，以县域为单位的扶贫模式有利于政策实施，有利于县域内资源的整合，具备合理性和有效性。在贫困范围缩小，县域内部贫困状态出现分化的情况下，缺乏精度的贫困县扶贫模式不再适应贫困现状的要求。

精准扶贫可以视为对现有反贫困模式的优化和补充。2013年，习近平总书记在贫困地区考察中提出“精准扶贫”的理念，随后中央办公厅和国务院扶贫办相继出台文件，精准扶贫工作逐步铺开。各个贫困地区在实践中探索出了干部住村帮扶、电商扶贫、光伏扶贫等十大精准扶贫工程。精准贫困模式是为了抵消经济减贫效应的下降而必需采取的措施，将成为未来中国农村扶贫的主要方式，需要在实践中破解精准识别、精准扶持和与之相关的精准考核三个方面的难点（汪三贵等，2015）。在当前的阶段，精准扶贫模式与连片特困地区帮扶政策并不矛盾；区域性的宏观政策既与连片分布的贫困地域范围相匹配，也保证了国家资源对深度贫困地区区域发展的扶持；而精准扶贫模式则力求提高扶贫资源的利用效率，切实改善贫困个体的贫困状态，提高扶贫效率。

在新的历史时期，我国扶贫开发的宏观环境已发生了巨大变化。一方面，我国的综合国力不断增强，工业化和城镇化进程加快，现已进入全面建设小康阶段，区域发展差异和城乡收入差异成为了反贫困的主要突破口。与美日等发达国家启动区域扶贫开发的宏观环境具备了可比性；另一方面，我国贫困地区分布广泛，区域差异大，大量贫困人口集中于少数民族地区、革命老区、边境地区，大都是自然条件恶劣的生态脆弱区域；区域内人口分布分散、资源匮乏。不仅产业基础和区位位置处于极为不利的位置，其资源禀赋和要素特征都不足以支撑传统的产业升级和经济发展路径。因而我国的连片特困地区与阿巴拉契亚等产业升级失败的工业化地区相比，在致贫机理尚存在明显差异。北海道等地区以自然共生型社会为目标，合理调整产业结构和城镇化规模的反贫困模式可资借鉴。

2.1.3　生态减贫与绿色减贫

“生态减贫”源于 1988 年成立的毕节“开发扶贫、生态建设”试验区，生态保护和扶贫开发的统一实践开始出现。经过 20 余年的建设，至 2009 年，累计造林 1560 万亩，森林覆盖率从 14.94% 上升到 38.75%，减少了水土流失面积 7913 平方公里，增强区域内抵御自然灾害的能力；同时也在区域外产生了显著的正外部性，为构筑长江、珠江上游生态屏障发挥了积极作用。与此同时，全区生产总值增长了 27.10 倍；财政收入增长 41.12 倍；城镇居民人均可支配收入从 697 元增加到 13190 元，农民人均纯收入由 182 元增加到 3100 元（秦如培，2010）。尽管毕节试验区实现了生态效益和经济效益的协同发展；但在更广泛的贫困地区，经济发展与生态保护的矛盾并不易调和。进入 21

世纪，随着生态保护意识的加强，对贫困问题的认识不断深入，生态减贫的研究不断涌现，其中生态扶贫的内容占了大多数。其历史背景是，随着经济社会的发展，我国综合国力不断增强，生态保护受到重视，也使得生态补偿具备了经济基础。因而可以认为生态扶贫是可持续发展理念在特定的时空范围内的具体体现。另一个研究的重点是生态移民，在减贫实践中，逐步认识到在特殊地区，因资源极度稀缺或基础设施难以改善，减贫的经济成本和生态成本极高，难以实现人与自然的和谐发展，通过迁移方式能够实现减贫和生态保护的双赢结果。以上两大研究重点也说明了“社会系统”与“自然系统”的协同发展绝非易事，需要系统外部资源的输入以缓解贫困区域内部人与自然的紧张状态；或者人类活动在局部地区退出，以平衡人与自然的关系。随着对“生态文明”理解的不断深入，进一步认识到“生态贫困”也是重要的贫困类型和致贫因素。朱立志等（2014）运用区域经济学分析方法分析生态恶化和环境破坏对巩固减贫成果和深入推进扶贫开发的制约。在生态脆弱地区，扶贫难度大、减贫成果难以巩固、贫困与生态恶化互为因果，需要包容性措施来化解生态改善与减贫目标的冲突。生态减贫是中国突破减贫瓶颈的必然选择，是治贫的根本。而“包容性措施”在强调输入以生态补偿为代表的外部资源的同时，需要协调“社会系统”内部的资源分配，以促进人与自然的和谐发展。目前已有大量以“生态减贫”为主题的文献，但对“生态减贫”并未给出明确定义。生态减贫至少包括了三层含义：第一，认为生态资源不足是贫困的致因之一，通过改善生态环境以减贫脱贫；第二，是将生态目标纳入扶贫减贫的目标之中，在经济发展的同时，保护生态，实现可持续发展；第三，在资源稀缺、扶贫难度较大、开发的生态成本过高的地区，扶贫方式以生态保护为主，多数为生态补偿、限制开发、生态移民。

“生态减贫”概念的提出将贫困从经济视角和社会视角拓展到了自然视角和系统视角。但随着研究的深入，其不足之处逐步显露出来。“生态”是一个较为宏观的概念，参考生态学的定义可以发现，“生态”研究的范围和层次都很宽泛。同样，“生态减贫”的研究目标难以聚焦，研究边界不清晰。从系统分析的视角出发，往往涉及自然系统中的资源问题，而生态资源同样是一个较为模糊的概念，各种生态资源在自然属性、产权属性和交易属性等方面都存在巨大差异，难以纳入统一的分析框架中。

北京师范大学中国扶贫研究中心课题组（2015）提出了“绿色减贫”的新理念。绿色减贫是比生态减贫更为明确的概念，将生态资源聚焦于绿色资源；尽管不能涵盖生态资源的范畴，但绿色资源与人类活动密切相关，并且易于理解，具有良好的代表性。研究中引入了“绿色贫困”的概念，并进行了分类和定义，总结了绿色贫困“二元说”和“三元说”。其一，绿色资源匮乏型贫困，该类贫困是针对绿色资源匮乏地区而言，即生态覆盖率低，环境脆弱和人口、经济生态承载力低。为了寻求发展而过度垦殖，造成绿色资源环境再破坏。其二，绿色资源富足型贫困，绿色资源富足地区生态植被保存较为完好、拥有较为丰富的绿色资源。但这类地区，因受到开发政策限制、人口不合理增长、地理区位限制和传统产业主导的影响，资源开发利用效率低下，经济发展滞后。其三，混合型绿色贫困，这类贫困介于绿色资源匮乏型贫困和绿色资源富足型贫困之间，这类地区受到的主导影响因素较多，既有生态环境因素，也有地理区位和人为的因素。在此基础上，课题组首次构建了“中国绿色减贫指数”，对中国绿色减贫指数进行了综合测度和多层次分析与比较，并对罗霄山区进行了案例分析和检验。“绿色减贫”的概念更为明确，以绿色资源作为生态资源的代表，在理论研究和减贫实践中针对性更强。

2.1.4 低碳扶贫与低碳发展

在全球变暖的大背景下，发展低碳经济、促进可持续发展已成为人类社会未来发展的必然选择。破解“PPE”怪圈和反贫困模式需要与之适应，贫困地区的产业基础、区位因素、资源享赋、环境承载力的指标都需要从“低碳”维度予以考量。“绿色减贫指数”中以绿色植被作为资源利用和环境保护的主要指标，而以森林为代表的绿色植被是陆地生态系统中最大的碳库（徐德福等，2009）。另一方面，单位生产总值能耗等指标被作为经济增长绿化度指标纳入到了“绿色减贫指数”中，而能源消耗正是最主要的碳源。由此可见，“绿色减贫”较好地契合了低碳视角的分析。

低碳扶贫是一个较新的概念，目前，只有少数学者关注并给出了各自的定义。陆汉文（2012）认为，低碳扶贫是指“将扶贫开发和环境保护结合在一起，在环境保护和生态建设过程中推进扶贫开发”。季曦等（2012）认为，低碳扶贫是指“在发展低碳经济的过程中减贫，在减贫的过程中发展低碳经济”。以上定义从可持续发展、生态扶贫和低碳经济角度对低碳扶贫进行了定义，属于现有理论在扶贫领域的延伸。芦千文（2013）从“碳资源”角度对低碳扶贫进行定义，认为低碳扶贫应该是指根据贫困地区的“碳资源”禀赋情况，运用低碳经济的方法和手段开发“碳资源”，形成碳交易产品，在碳交易市场中换取资金；与此同时，发展低碳经济相关产业，为全社会提供各类生态产品，最终实现低碳经济和扶贫开发的有机统一。陈潇阳（2014）对低碳扶贫模式的概念、构成要素、运行机制进行了系统研究，认为低碳扶贫模式能够将低碳扶贫主体、扶贫资源和制度环境等要素有机融合，生成动力系统、资源系统和环境系统三大子系统，引导低碳资本、技术、信息、人才向贫困地区流动，形成扶贫开发的聚合力，成为破解传统工业文明发展模式与贫困地区资源环境约束这一“发展悖论”的关键，也是促进贫困地区绿色、快速发展的有效举措。田成川（2015）提出贫困地区低碳发展，是将应对气候变化和扶贫两大战略进行有机结合，在发展低碳经济的过程中实现扶贫。同时，在扶贫过程中推动经济发展方式转变，最终实现贫困地区可持续发展的新型扶贫开发思路。贫困地区低碳发展既是改变其落后生产生活方式、提升发展质量的重大机遇，也是构建生态文明的必然选择。一是有利于拓展贫困地区可持续的扶贫资源。二是有利于创新扶贫开发机制。三是有利于实现国家应对气候变化目标任务。以上的研究从不同角度对“低碳扶贫”进行了定义；在广义上，依然是“生态保护”和“减少贫困”两大系统工程的结合，在特定的时空背景下，“应对气候变化”成为“生态保护”的主要目标，而突出了低碳的概念；在狭义上，将低碳经济所延伸出的碳资源、碳交易、低碳产业融入当前的扶贫减贫工作中，形成新的扶贫减贫路径。无论是广义上还是狭义上的理解，都以“低碳”概念进一步明确和聚焦了“生态”和“绿色”的概念。

低碳发展则是一个更为成熟的概念。低碳发展首先源于低碳经济的概念，2003 年由英国政府提出，是发达国家在特定发展阶段的发展理念和模式的转变。换言之，低碳发展是需要特定的物质基础，是居于当前对不可再生能源的消耗的反思而产生的（王新玉，2014）。从这个意义上讲，低碳发展与贫困地区的属性特点并不契合。但在我国经济社会发展的可持续性正面临严峻考验，美国橡树岭国家实验室 CO_2 信息分析中心（CDIAC）的数据显示，中国已于2006年开始超过美国成为世界上最大的碳排放国。国际能源署（IEA，2010）预测，2030年中国的CO_2排放量将高达116.15亿吨，比2007年增长91.3%，其增量占该时期（2007—2030年）全球总增量的48.6%（邓荣荣等，2015）。可见，我国等“后发国家”在工业化和城镇化快速发展的进程中，对环境产生巨大的压力，经济社会发展模式亟需调整。贫困地区作为我国的“后发区域”，在发展过程中必须跳出“先污染、后治理”的传统路径，走集约化发展路径。贫困地区本身面临资源不足、生态脆弱的困境，强调资源利用效率的低碳发展模式是更优的选择。

一方面，从文献综述的情况来看，直接从低碳角度研究贫困问题的文献较少，针对低碳目标提出扶贫模式的文献资料更为少见，一定程度上说明了本研究视角的新颖性。在已有文献中，很多国内外学者从资源角度分析了贫困问题，根据人类社会发展对水、食物、能源等需求，在宏观上分析资源、环境对人口的承载能力和对经济社会发展的作用。“碳资源”更为突出地反映出贫困地区资源禀赋优势和低碳发展导向。本书将进一步拓展“地理环境”的范畴，不仅包括碳汇资源规模，同时将要素利用效率和碳汇资源价值实现纳入到分析范畴中，根据“PPE”怪圈的新特性，更为全面地分析贫困地区低碳发展模式与资源的匹配性。

另一方面，现有文献大多集中于“扶贫”视角，认识到贫困地区的资源禀赋不足，强调了外部资源的帮扶作用。外部资源在减贫脱贫过程中发挥了巨大作用，但如何提升扶贫效率一直是个难题。本书从更为全面“发展”视角开展研究，分析贫困地区低碳生产效率和内部要素投入效率的提升；生态文明建设和可持续发展的总目标下，将内部碳汇资源变化与外部扶贫资源配置建立联系，将外部资源的扶贫效率与内部资源的利用效率联系起来。

"发展"强调内部要素效率的提升,"内生性"的要素配置调整更有利于调动贫困地区的生产潜力,促进减贫脱贫目标的实现。

2.2　理论架构

2.2.1　"PPE"怪圈与"人口—社会—环境"系统

本书研究目的在于如何破解"PPE"怪圈。众所周知,"PPE"怪圈的形成是因为众多因素交织,形成连锁反应。针对"PPE"怪圈的研究视角很多,研究对象各异,往往涉及多种理论和研究方法。因而需要构建一个基本的理论架构,将研究所涉及的理论、方法、对象都纳入到一个基本的分析框架中;这是本书研究的基本要求,在复杂问题研究中,尤为如此。

"PPE"怪圈分别代表着人口问题、贫困问题和环境问题,其中贫困是社会发展进程最为典型的问题之一,因此,可以有针对性构建"人口—社会—环境"系统用以分析"PPE"怪圈现象。"PPE"怪圈反映了"人口—社会—环境"系统发展的失衡状态。系统中的要素相互影响和制约,限制了经济社会和自然环境的和谐发展。

对于"人口—社会—环境"系统理解需要注意两个方面。第一,问题不能过于简单化,应将系统的三个要素视为相互影响的犄角关系,而非以"社会"为中介的单向或双向传导关系。纵然在环境问题往往表现为宏观现象,与宏观社会现象相对应;但个人与环境之间的微观作用同样应得以重视。尤其是精准扶贫的视角下,不能再只关注于总量指标,围绕贫困个体的研究不容忽视。第二,问题不能过于复杂化,系统中的三个元素各自均是一个复杂系统，有单独的学科予以研究；如果不能简化和精炼问题，则难以确定研究的边界。“人口—社会—环境”系统地提出，将研究的重点聚焦于三个元素之间的相互影响；既明确了研究的边界，做到有的放矢，同时也反映了资源环境经济学作为交叉学科的特点。

在新的社会经济发展背景下，“人口—社会—环境”系统也有了新的变化趋势。首先，我国人口增长放缓，大量青壮年劳动力通过经济迁移的方式向发达地区和城市地区聚集，农村地区和贫困地区开始出现劳动力短缺和“空心化”问题。人均资源禀赋不足的矛盾有所缓解，土地撂荒现象出现，产业劳动力短缺，劳动力流失与贫困地区经济社会发展的矛盾逐步显现。

同时，资源属性日趋多样化。土地依然是主要的资源载体和生产要素，但其资源属性日趋多元化。房地产成为大量城市地区的支柱产业，凸显了土地要素的重要性，也为土地赋予了交易属性和资本属性。在农村地区，尽管农地和农村集体建设用地的交易和资本化受到严格的管控，但在产业融合的实践过程中，土地的生态价值、观光价值等属性逐步引起重视。资源属性的多样化在拓展经济发展和扶贫开发模式的同时，也可能导致更为严重的过度开发和环境破坏。

最为重要的是，我国贫困问题的主要矛盾也发生了巨大变化。尽管贫困地区仍然在我国境内广泛分布，但多年的脱贫攻坚效果显著，现已由解决广泛贫困问题逐步转向解决深度贫困问题。经过 30 余年的改革开放，我国的经济总量已跃居世界第二，人民生活水平得到了普遍提升。但在以连片特困地区为代表的深度贫困地区，经济发展必要条件不足，难以单纯依靠市场机制脱贫致富。同时当前的经济发展模式也面临转型，高投资高耗能的经济发展模式遭遇到发展瓶颈。需要将生态资源保护和经济社会发展放在同等重要的核心位置，需要找到保护和实现生态价值的有效路径。因而在当前研究中需要对根据“人口—社会—环境”系统要素属性的变化对研究设定予以修正以反映现实状况的动态变化。

2.2.2 “人口—社会—环境”系统解构

为寻找破解“PPE”怪圈的切入点，需要将“人口—社会—环境”系统解构为“人口—社会”“社会—环境”和“人口—环境”三个相对独立而又相互影响的子系统，并予以单独分析，如图 2－1 所示。

“人口—社会”子系统最为常见，反映了人口与社会发展之间的互动作用。经济和产业发展状况通常被视为社会发展程度的指标，因而这一子系统的状态最能够直接反映个体贫困和整体贫困状态，减贫脱贫的目标完成情况也最终从“人口—社会”子系统中反映出来。

“社会—环境”子系统反映了社会发展进程中对环境带来的冲击，在日益强调可持续发展和生态文明建设的时代背景下，这一子系统的状态变化受到越来越多的关注。“社会—环境”子系统的状态变化反映了社会发展过程中环境压力的变化；在生态脆弱的连片特困地区，这一子系统的状态变化和后续影响也成为研究的起点和目标。

“人口—环境”子系统则以人均资源禀赋的变化反映人口与环境之间的动态变化。自然资源往往被认为是经济社会发展所必需的要素；而自然资源的丰裕程度对经济发展模式和社会发展程度产生至关重要的影响。而在资源稀缺的状态下，贫困地区如何更为有效地利用现有资源，并合理开发潜在资源对减贫脱贫的意义更为明显。在生态文明建设的总目标下，降低资源开发利用过程中对环境的冲击也是经济社会发展中约束性目标，而资源禀赋在很大程度了决定了一定区域内的环境承载能力。在“PPE”怪圈中，人口增长所导致的资源禀赋不足是导致贫困的关键因素；而我国长期面临着自然资源总量丰富而人均不足的矛盾，因此，用人均指标来代表环境、资源禀赋的变化更为合理。

在低碳发展的背景下，设定不同的代表性指标来反映子系统的状态变化。

“人口—社会”子系统：经济系统是整个社会系统中最为活跃的部分，最为直接的反映贫困状态之间的联系，因而用“人均 GDP”来反映该子系统的变化情况。

“社会—环境”子系统：碳排放作为经济社会发展的非期望产出，而碳汇资源的总体规模反映了环境资源禀赋，两者的对比则能够反映出经济社会发展所产生的环境压力。

“人口—环境”子系统：人均碳汇资源禀赋的变化反映了人口变化与生态环境变化所导致的碳汇能力综合变化。

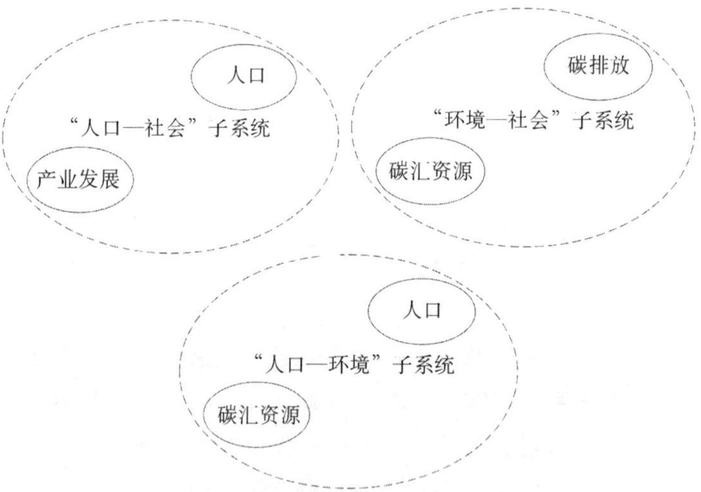

图 2-1 “人口—社会—环境”系统解构

2.2.3　“人口—社会—环境”系统重构

分析三个子系统的独立变化和相互影响需要找到一个共同的结合点，为兼顾理论分析和实证分析，这一结合点被确定为土地资源①。

首先，土地资源与各个子系统的联系紧密。人口和产业的发展变化均须考虑土地的承载能力，而碳汇资源与植被状况直接相关，同时受到地形地貌的影响；因而土地资源与人口、经济和环境之间联系紧密。

其次，土地资源分布广泛，物理性质稳定，具有不可移动性，土地利用类型的变化能够反映人口、经济和环境的状态变化。

最后，土地资源的管理量化层次高，有利于开展实证研究。土地资源作为战略资源，在我国受到严格的管控，相关统计资料丰富。在空间技术和信息技术支持下，土地资源的管理量化层次不断提升，高精度大尺度的土地资源遥感数据库为实证研究的开展提供了保障。

土地与人口、产业和碳汇资源分布的联系紧密，而与碳排放的关系比较复杂。一方面不同土地利用类型反映了不同的产业分布和人口分布，从而与各类社会经济活动的碳排放建立联系，其中能源消费是第一大温室气体排放源；另一方面人类活动所引起的土地利用/覆盖变化（LUCC）是大气碳含量增加的第二大来源（赖力，2010）。第二类碳排放与 LUCC 直接相关，主要是自然地理、生态学、土壤学等学科的研究领域。本书主要关注于与经济社会发展更为密切的第一类碳排放，而能源消耗碳排放与土

① 与前文分析中的资源属性要求所对应，详见 1.3。

地利用状态之间并不具备直接的关系，因此，在较为明确的“土地—产业”“产业发展—碳排放”的逻辑关系基础上，借鉴其他学者的研究方法①，在三个子系统之外构建“产业空间”，建立“土地利用—产业发展—碳排放”之间的关系。

如图2-2所示，土地资源位于三个子系统和“产业空间”的核心位置，能够反映各个子系统的状态变化。因此，以土地资源为核心重构“人口—社会—环境”系统，形成全书的理论架构。

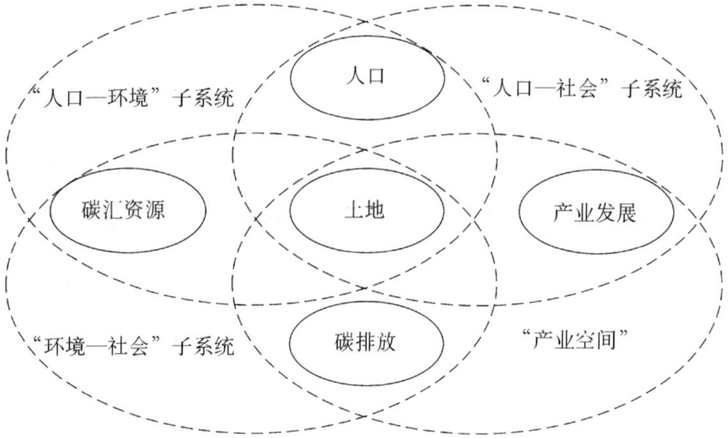

图2-2 土地资源、产业空间与“人口—社会—环境”系统重构

① 详见3.2.2章节。

第3章 数据来源及研究方法

3.1　数据来源

3.1.1　空间数据的处理和分析

(1) 土地利用现状数据

在明确了土地资源的核心作用之后，需要对贫困地区土地资源进行进一步量化分析，测算的关键在于整理分析县域尺度的土地利用现状。当前的土地利用数据来源主要有三类。第一，直接测绘数据。此类一手数据精度高，但显然不适用于收集大区域大尺度范围的土地利用数据。第二，土地统计年鉴、土地利用总体规划等统计、规划资料。此类数据由各级政府相关部门公布，数据具有权威性。在全国、省、市三级尺度上，此类数据的完整性和时效性能够得到保障，县域尺度数据则较为零散，收集整理现有的公开资料后发现，50%以上贫困县市区的相关数据无法获得，若需要收集跨年度数据资料，难度更大，不足以支撑覆盖全部贫困县市区的时序研究。第三，遥感测绘数据。随着空间技术和信息技术的发展，遥感数据的民用化越来越普遍。国际上，Google、NASA等组织提供了大量的空间遥感数据用于科学研究和产业化应用。在国家科技支撑计划等重大科技项目的支持下，国内研究机构经过多年积累也已建立起覆盖全国陆域的多时相多比例尺的土地利用现状数据库，时间跨度从20世纪80年代末期至今。目前土地遥感测绘数据已经在国家土地资源调查、水文、生态研究中发挥着重要作用。中国科学院资源环境科学数据中心[①]建立的中国1∶10万比例尺土地利用现状遥感监测数据库是目前我国精度最高的土地利用遥感监测数据产品，包括了从80年代末期至今的多期土地利用现状数据。目前其用户包括国内政府决策部门、行政管理部门、研究机构、大学、国防部门和商业机构以及包括联合国有关组织、大学和其他研究机构的国外用户。土地利用类型数据生产制作是以各期Landsat TM/ETM遥感影像为主要数据源，通过人工目视解译生成。土地利用类型包括耕地、林地、草地、水域、居民地和未利用土地6个一级类型以及25个二级类型。土地类型的划分能够与现有的三次产业划分形成对应关系。

该数据库现有公开资料中包括了1990年、1995年、2000年、2005年和2010年五期，能够应用于分析贫困地区土地利用状况的演化状况，数据质量和数量都能够满足研究需要。利用Arcgis工具将1公里×1公里土地利用现状栅格数据重采样为

① http://www.resdc.cn.

100 米 ×100 米栅格，进一步减少数据精度的影响。

土地利用现状遥感数据与国土统计资料存在明显差异，其主要原因之一可能在于遥感精度，细小地物未能准确表示，城镇建设用地偏小；同时人工解译也是误差因素之一。但遥感数据的统一性也避免了各类统计资料中的统计误差和人为影响。徐新良（2014）通过对部分区域的随机核查抽样，土地利用/覆盖类型遥感解译精度达到 88.95%—95.66%。本书的主要研究目的不在于测算绝对数值，而是对贫困地区进行跨区域和跨年度比较，遥感数据的完整性和统一性要明显优于统计资料，能够满足研究的要求。

（2）净初级生产力数据

植被净初级生产力（Net Primary Productivity，NPP）是指绿色植物在单位面积、单位时间内所累积的有机物量，表现为光合作用固定的有机碳中扣除本身呼吸消耗的部分，也称净第一性生产力（周广胜等，1995；彭建等，2007）。NPP 作为地表碳循环的重要组成部分，不仅直接反映了植被群落在自然环境条件下的生产能力，表征陆地生态系统的质量状况，而且是判定生态系统碳汇和调节生态过程的主要因子，在全球变化及碳平衡中扮演着重要的作用（朱文泉，2005）。刘双娜等（2012）研究发现我国森林生态系统的碳汇强度及空间分布格局与同期的 NPP 增长驱动存在显著的关联性，森林植被的碳汇强度显著受到 NPP 的增长驱动影响。张艳芳等（2013）基于生态平衡视角，根据 NPP 估算规模和能源消费碳排放计算了碳源/汇与生态盈余特征。吴文佳等（2014）计算了 2001—2009 年我国陆地植被净初级生产力、能源消费碳排放、碳足迹和碳赤字。NPP 规模在本书中被定义为碳汇资源的代表性指标，用于环境压力和资源禀赋等方面的分析。见表 3 - 1。

表 3-1　　NPP 估算模型的比较

模型类型	优点	缺点	适用条件
气候生产力模型	模型简单；气候参数易获取。	生态生理机制不清楚；估算结果以点代面；估算误差较大。	适用于区域潜在 NPP 的估算。
生态生理过程模型	有一定的生态生理基础；可模拟、预测全球变化对 NPP 的影响；估算结果较为准确。	模型复杂；所需参数加多，且难以获得；区域尺度转换困难。	适用于空间尺度较小，均质斑块上的 NPP 估算。
光能利用率模型	遥感可获得全覆盖数据，适宜于区域及全球分析；诸多植被参数可由遥感获得；可获得 NPP 季节、年际动态。	生态生理机制不清楚；无法实现 NPP 的模拟与预测；光能传递及转换过程还存在诸多不确定性。	适用于区域及全球尺度的 NPP 估算。

资料来源：《陆地植被净初级生产力计算模型研究进展》。

NPP 估算在生态学领域有丰富的研究成果。NPP 研究早期，NPP 气候估算模型首先建立起了 NPP 和气候之间的统计学数量关系，但并未能解释 NPP 的生态生理机制；生态生理过程模型则以植物生长发育的基本生态生理机制为基础，结合气候、土壤等数据对 NPP 规模进行估算，该类模型有一定的生态生理基础，但模型复杂，适用于空间尺度较小的 NPP 规模估算。在遥感和信息技术大幅提升之后，基于遥感模型的 NPP 估算也得到了快速发展，结合植被指数或资源平衡理论，大量易获取的遥感数据使得区域乃至全球尺度的 NPP 估算成为了可能，在 NPP 与碳汇/源的研究中，RS 和 GIS 方法得到了广泛的应用。

如表 3-1 所示，朱文泉等（2005）对三大类 NPP 估算模型的特点进行了总结，在不同尺度和不同条件下，三种模型发挥着不一样的作用。首先，基于光能利用率模型的 NPP 估算数据更能够满足本书研究的需要。光能利用率模型数据基于遥感数据，与土地利用类型数据来源一致，“土地—碳汇”分析中数据一致性得以保证。其次，光能利用率模型能够提供全部贫困片区的 NPP 数据，并且能够利用空间分析工具处理为县域尺度数据。再次，光能利用率模型能够提供多年 NPP 数据，满足了研究的需要。为尽量保证数据的一致性，NPP 数据同样来自中国科学院资源环境科学数据中心，数据处理方式与土地利用现状数据相同。公开资料中的 NPP 数据分别为 2000 年、2005 年和 2010 年，因而研究“人口—社会—环境”系统的“窗口期”也设定为 2000 年、2005 年和 2010 年，部分子系统的研究时间段为 1995 - 2000 年。

（3）地域边界数据

对于连片特困地区研究的一个主要难点是片区通常跨越了多个省级行政单位。因此，无论是片区尺度还是县域尺度的研究，都需要依据贫困片区地域范围对数据进行再加工。根据“国家基础地理信息中心”的四级行政区划边界数据，利用 Arcgis 相关工具提取特定县域行政边界，重新组合构建各片区的地域边界。以省域边界处理后得到全国及各省土地总面积数据；与统计年鉴全国及各省陆域土地面积比较，误差均在 5% 以下，能够保证分析的准确性。地域边界数据结合其他空间数据，可计算各片区的土地利用情况和 NPP 变化情况。同时还可将能源消费量、人口规模、产业发展等社会经济统计数据转化为空间数据，供研究使用。

3.1.2　统计数据的处理和分析

（1）能源消费量数据

目前主要的能源有化石能源、电能、生物质能、太阳能、水能、风能和核能等，而以化石能源为代表的传统能源是造成碳排放的主要原因。因此，本书仅计算化石能源等主要传统高碳能源的碳排放。研究选取了1995—2010年中国各省、市、区能源消费数据，时间间隔为五年，分析1995年以来，由能源使用而产生的碳排放规模变化状况。数据来自于各年《中国能源统计年鉴》各地区能源平衡表。由于历年西藏自治区相关数据缺失，同时其行政辖区内也未包括本书的研究区域，因此，各类计算结果中均未包括西藏自治区；我国台湾省、香港和澳门特别行政区也做同样处理。因2000年《中国能源统计年鉴》中缺失宁夏自治区能源平衡表，因此，以1999年能源平衡表数据替代。

（2）经济社会发展数据

鉴于研究目标为分析贫困地区的碳排放状况，将11个连片特困地区所在的19个省级行政单位①划分为欠发达地区。欠发达地区地处我国中西部地区，行政辖区内广泛分布着贫困县市区，经济社会发展水平落后于发达地区和全国平均水平。作为主要研究对象，19个省级行政单位的能源消费、土地利用现状和碳排放数据被分别进行了收集、整理和测算，为后面的县域尺度的分析提供基础。同时，为分析贫困地区低碳发展情况，还需进一步收集整理相关的国民生产总值、农民人均纯收入等经济社会发展数据，此类数据均为县域尺度，数据来源于各年《中国区域经济统计年鉴》《中国县（市）社会经济统计年鉴》《中国农村统计年鉴》以及各省市相关统计资料。同时整理和分析了东

① 安徽、甘肃、广西、贵州、河北、河南、黑龙江、湖北、湖南、吉林、江西、内蒙古、宁夏、青海、山西、陕西、四川、云南、重庆、新疆；历年《中国能源统计年鉴》均未提供西藏能源平衡表，西藏未纳入研究范围。

部发达地区的同类数据用于对比分析。

3.2　研究方法

3.2.1　定量分析方法

本书将定性分析与定量分析结合，规范研究与实证分析结合，以定量和实证分析为主。

空间分析和统计分析方法。两种方法相结合，对“人口—社会—环境”系统中各个指标进行计算，以指标值的变化代表各个子系统的状态变化。空间分析方法主要应用于对土地利用数据和碳汇数据的分析。以上两类数据均为空间栅格数据，需要利用 Arcgis 软件中区域制表、栅格计算器等功能进行预处理，得到公顷尺度、县域尺度和片区尺度的土地利用现状和 NPP 生产能力。利用空间分析方法和地域边界矢量数据构建“产业空间”，就产业发展、能源消费、土地利用变化、碳汇资源分布的相关空间关系进行分析。在此过程中，同样应用了统计分析方法对各类统计资料中的能源消费数据、经济社会发展数据、人口数据进行整理和分析，建立不同类型数据之间的数量关系；统计分析方法同时也应用于耦合分析、脱钩分析、非线性估计等计算中。以上分析方法主要应用于产业空间分析以及第 4 章至第 6 章。

非参数技术效率分析和计量经济学分析。数据包络分析（DEA）方法应用于对贫困地区进行片区尺度和县域尺度的低碳生产效率静态分析和动态分析。从片区差异、县域差异、城乡差异角度分析要素效率提升对低碳发展的综合影响。利用松弛变量计算结果，对要素效率的提升与碳汇资源价值实现进行分析。计量经济学分析主要利用县域面板数据，通过经济模型方法和岭回归方法分析环境压力变化的影响因素，并对环境压力的未来变化进行了预测。DEA 方法主要应用于第 7 章至第 9 章；计量经济学方法主要应用于第 10 章；以上两类方法将在对应章节中进行具体介绍。

3.2.2 产业空间与碳源/汇计算

通过文献研究，构建了以土地资源为核心的“人口—社会—环境”理论分析框架，其中产业空间概念的引入，对建立“土地利用—产业发展—碳排放”关系，完成“人口—社会—环境”系统重构起到了关键作用。

（1）构建产业空间

近年来，南京大学的研究团队对土地利用方式与碳排放、碳足迹的关系进行大量研究。赵荣钦等（2010，2011）通过建立“产业空间”，构建能源消费和产业活动的碳足迹模型，估算了我国省域尺度的碳排放规模；基于土地利用分类体系，建立了不同区域产业空间与能源消费碳排放的对应关系，对各省区不同产业空间碳排放强度和碳足迹进行了对比分析，并提出了降低产业碳足迹和优化产业空间布局的建议。产业空间的界定需要考虑土地利用类型和能源消费项目的划分与匹配。根据《中国能源统计年鉴》能源平衡表中的项目划分，我国各地区能源消费项目被划分为：农林牧渔业，工业，建筑业，交通运输、仓储和邮政业，批发、零售业和住宿、餐饮业，城镇、乡村生活消费，其他等 7 大项目。土地利用类型分类体系共包括了耕地、林地、草地、水域、居民地和未利用土地 6 个一级类型以及 25 个二级类型。参照李璞（2009）和赵荣钦（2010）的分类方法，根据本书的研究设定和资料数据进行适当调整，产业空间、土地利用类型与能源消费项目的对应关系如表 3 – 2 所示。产业空间所对应的用地类型统称为农业用地和非农用地。

表 3 – 2　产业空间、土地利用类型与能源消费项目的关系

产业空间划分	土地利用类型	能源消费项目
非农产业空间	城镇用地	建筑业
		批发、零售业与住宿、餐饮业
		城镇生活消费
	农村居民点	农村生活消费
	其他建设用地	工业，交通运输、仓储和邮政业
农业空间	耕地	农林牧渔业
	林地	
	草地	
	水域	

（2）碳源规模计算

能源消费碳排放规模通过能源消费量和相关系数计算得出：

$$C = \sum Q_i NCV_i EF_i \qquad \text{（公式 3 – 1）}$$

其中，C 为 CO_2 的排放量；Q_i 为能源 i 的消费量；NCV_i 为能源 i 的净发热量；EF_i 能源 i 的 CO_2 的排放因子。能源消费量数据来自于各年《中国能源统计年鉴》，净发热量和排放因子等数据来自于《2006 年 IPCC 指南》，并结合《中国能源统计年鉴》参考系数进行调整；具体参数详见附录，具体计算结果详见第 4 章。

通过建立产业空间、土地利用类型和能源消费项目之间的关系，作为计算产业空间和土地利用类型碳排放强度的依据；单位面积碳排放强度和县域土地利用状况相结合，能够对县域碳排放规模进行估测。碳排放强度和县域碳排放规模测算公式如下：

$$Cp_i = C_i / S_i \qquad \text{（公式 3-2）}$$

$$C_{ij} = Cp_i \times S_{ij} \qquad \text{（公式 3-3）}$$

$$C_j = \sum C_{ij} \qquad \text{（公式 3-4）}$$

Cp_i 分别代表了各类土地利用类型或产业空间的碳排放强度（吨/公顷），i 为不同土地利用类型或产业空间类型，S_i 和 C_i 分别为第 i 种土地利用类型或产业空间的用地面积及对应的碳排放量。假设碳排放强度在一定区域内具有稳定性，结合土地规模的可分性，即可求得 j 区域内 i 土地利用类型的碳排放规模 C_{ij}；C_j 则代表了某片区或某县域的碳排放规模，等于辖区内的所有土地利用类型或产业空间碳排放之和。

因此，在完成不同土地利用类型和产业空间的碳排放强度计算的基础上，根据 11 个连片特困地区 505 个县级单位的土地利用现状数据，核算各县域范围内各类土地利用类型和产业空间的面积，即可估计县域碳排放规模和碳排放强度，具体计算结果详见第 4 章和附录。

（3）碳汇规模计算

净初级生产力空间栅格数据反映了单位面积的 NPP 生产能力，根据公式 3-5，一定区域内的 NPP 生产能力可根据区域内不同 NPP 数值的栅格数量或面积计算得出。主要计算通过 Arcgis 软件中“面积制表”与“栅格计算器”功能完成。

$$NPP = \sum NPP_t \times S_t \qquad \text{（公式 3-5）}$$

NPP 代表区域内碳汇规模，S_t表示区域内 NPP 生产能力为 t 的地域面积或栅格数量。

各年度各片区 NPP 规模计算结果如图 3-1 所示。NPP 规模与地域面积密切相关，生产规模最大的滇桂黔、滇西、秦巴山和武陵山片区，各年 NPP 总量均超过了 10000 万吨（碳当量），其地域面积都超过 16 万平方公里，是我国最大的集中贫困地区。

NPP 生产能力反映了绿色植物累积的有机物量，与自然环境因素也密切相关；北方贫困片区的 NPP 生产规模要明显弱于南方片区。六盘山片区地域面积约为 15 万平方公里，与武陵山片区基本相同；但六盘山片区的 NPP 生产规模仅为武陵山片区的 20%。大兴安岭片区与乌蒙山片区的面积基本持平，但大兴安岭片区的 NPP 生产规模仅为后者的一半。可见，自然因素对 NPP 生产规模的影响十分显著，也意味着北方片区的碳汇强度偏弱，对碳排放的中和能力较弱。

与总体规模的南北差异相反，NPP 的增长情况则呈现出“北高南低”的状态。大兴安岭片区等 4 个北方片区的平均增长率达到 63%，而六盘山片区和吕梁山片区的增长率更是高达 87.54% 和 117.72%。碳汇资源的存量规模不断扩大，有利于平衡区域内的碳排放。而南方片区的 NPP 规模变化情况则较为堪忧，除大别山片区和秦巴山片区外，另外 5 个片区的 NPP 规模均出现了不同程度的下降；考虑到其他片区出现的增长状况，在考虑自然条件变化的同时，应更为重视人为活动对碳汇资源的负面影响。总体而言，北方片区 NPP 总量规模不足，但资源存量呈增长趋势；而南方片区 NPP 总量规模较为充足，但资源存量下降所导致的环境影响值得关注。

产业空间与土地利用现状之间形成对应关系，土地利用现状也与 NPP 生产规模密切相关，从而形成了“碳排放—产业发展—土地利用—碳汇能力”的关系，人类活动和产业发展同时在碳源/汇两个方面产业对环境产生影响。基于空间分析技术，不同土地利用类型和产业空间的碳汇能力变化也可以较好的量度，详见第 8 章。

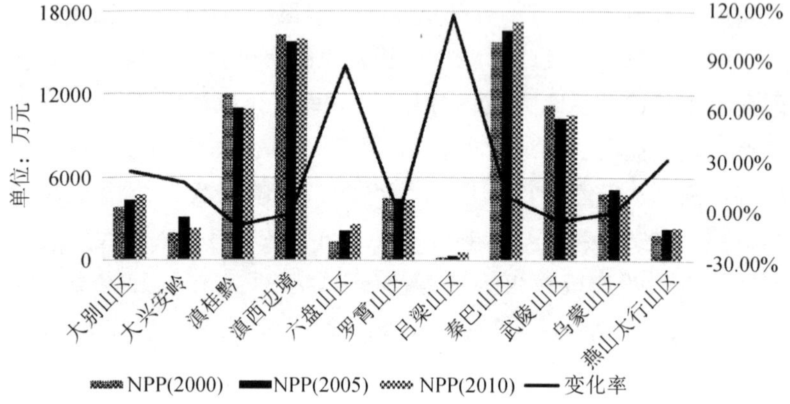

图 3－1　连片特困地区 NPP 规模变化

资料来源：根据基础数据计算得出。

第4章

连片特困地区碳排放状况研究

近年来，对区域碳排放的研究成为环境和生态经济学、区域经济学以及其他相关学科研究的热点。目前全球碳循环研究已确定的与人类活动有关的三个主要碳源：化石燃料的燃烧、水泥生产和土地利用变化。其中，首要的碳源是化石燃料的燃烧，约占大气中碳排放总量的75%左右，而世界能源需求的80%—85%来源于化石燃料（Christopher G.，2000）。因而通常通过能源的排放系数和使用规模对碳排放规模进行估算。由于数据统计口径原因，全球、国家和省域层面的能源碳排放研究较多，就碳排放与人类活动的关系和影响积累了大量的研究成果。专门针对贫困地区的研究则明显偏少，一方面，贫困地区往往工业基础薄弱，人口相对稀少，能源消费强度和排放规模都弱于发达地区，不是矛盾主要方面；另一方面，贫困地区的统计资料不足制约了研究的开展。

当前我国的贫困地区区划以县域为基础，而大多数县域尺度的统计资料并未包括能源使用和消费数据，因而对贫困地区碳排放状况的描述和分析较为困难。因此，迫切需要寻找新的方法和载体，间接估算贫困地区的碳排放规模。载体需要具备如下特点：①同质性，即载体的自然性质不会轻易改变，正如特定能源的热值和碳排放系数较为稳定。②广泛分布，即载体在贫困区域内是广泛分布或使用的，正如能源消费在世界的各个角落都广泛存在。③方向一致，即载体的分布和使用与贫困地区的发展方向和目标保持同向性的，载体状态改变能够较为明显地反映出来碳排放规模的变化。例如，经济社会发展对增加对能源消费的需求，碳排放规模随之扩张。④可行性，即分析思路在逻辑上成立，分析数据可获得，分析方法具备可行性。

基于以上观点，逐步聚焦于基于土地利用和产业视角的能源消费和碳排放分析。贫困地区最重要的发展任务仍然是减贫脱贫，促进贫困地区人民生活水平的提升，产业发展是必由之路。同时，产业活动与碳排放强度和规模关系密切，不同的产业活动类型导致了不同的碳排放强度，产业活动的规模和结构差异都能够较为突出地反映碳排放的状况。产业发展对经济社会发展的促进作用，以及对能源需求的相关数据都较容易计算和获得。

在当前国情下，土地资源无疑是极为重要生产要素；对于其他资源相对更为稀缺的贫困地区，土地资源的合理化开发利用对于经济社会发展起着至关重要作用。同时，产业发展状况和结果最终也能够反映在土地利用的变化上。因此，土地利用的状态变化能够反映出资源要素对产业发展的影响和产业发展对环境的影响，从产业角度研究土地利用变化，或者从土地利用角度研究产业发展情况，都符合分析逻辑。而土地所具备的稳定性和广域分布性，又能够满足在大范围内开展碳排放研究的需要。

因此，将产业分析和土地利用状况相结合，构建“产业空间”对贫困地区的碳排放状况进行分析，能够将贫困地区的“资源禀赋—资源利用效率—产业发展—环境压力”整合到统一的分析框架中，研究贫困地区经济社会发展与自然环境变化的相互影响。

4.1　土地利用现状分析

4.1.1　全国总体状况

从全国土地利用遥感解译数据看，农业用地是整个国土面积的主体，占到陆域国土总面积的 75% 以上，历年占比变化率小于 1%，农业生产资源得到了基本保证。未利用土地是规模居于次位的土地利用类型，占陆域国土面积的 21%；未利用土地包括了人类生存和发展所必须的生态空间，对其开发和利用需要谨慎评估和合理规划。从变化趋势看，未利用土地规模基本保持稳定。

在以上两种用地类型之外，即是建设用地，总规模仅占陆域国土面积的 2% 左右，但却是人口聚集最为密集的产业空间和生活空间，在工业化和城镇化进程中用地规模不断增加。其中，农村居民点的用地规模最大。在目前的发展阶段，我国仍有大量的农业人口和农村居民，同时人口密度较小，因而需要较大的农村居民点用地规模与人口规模相匹配。从 1995 年至 2010 年，占陆域国土面积的比例稳定在 1.5% 左右。这 15 年间，农村居民点用地规模保持缓慢增长，共增加了 62.66 万公顷，增长率为 5.12%。

城镇用地规模则明显小于农村居民点，仅占国土面积的 0.5%。但是城镇用地规模增长较快，相较于 1995 年，2010 年的城镇用地规模增长了45.17%，其中2000年之前，增长较为缓慢，涨幅仅为3.34%；2000年以后则进入了快速增长期，2000—2005年增长了26.94%，2005—2010年再度增长了10.67%，用地规模从1995年的319.37万公顷，增长至2010年的463.62万公顷，这一变化与我国的城市建设和城市化进程加快是基本一致的。

用地规模最小的土地利用类型是其他建设用地，指除城镇用地和农村居民点之外，厂矿、大型工业区、油田、盐场、采石场等用地以及交通道路、机场及特殊用地，主要与大型工业和交通运输业对应。其他建设用地的总体规模小，仅为全国土地面积的0.3%，也仅占建设用地8%—11%。但其他建设用地增长速度最快，1995—2010年共增加了64.24%。与城镇用地变化情况类似，2000年之前增速缓慢，仅增长了1.24%；2000年之后进入快速增长期，2000—2005年增长了33.64%，2005—2010年，又增长了21.41%。其他建设用地在2000年之后的快速增长，与我国的工业化进程提速关系密切。

4.1.2 区域对比分析

如表4-1所示，从区域对比来看，发达地区的农业用地明显减少，15年间共减少了147万公顷，经济社会的发展对农业用地空间的侵蚀较为严重。另一个突出的特点是，发达地区农业用地占全部行政区划面积的比例超过了90%，远高于全国平均水平。出现这一状况的原因并非由于建设用地占比较少，而是发达地区的其他用地规模极少，仅占国土面积的0.1%，并呈现出快速萎缩态势，15年来共减少了141696万公顷，96.68%的其他用地在城市化和工业化进程中被开发利用；至2010年，发达的东部十省未开发利用土地仅占发达地区陆域面积的0.53%，仅占全国未利用开发面积的0.27%。发达地区的土地利用强度要远高于欠发达地区，在助推了经济社会发展的同时，生态空间和生态压力问题值得关注。

发达地区农村居民点用地规模小幅上涨8.87%。面积增长最多的是城镇用地，共增长了49.60%；而增长最快的是其他建设用地，增长率达到53.60%。

在欠发达地区，1995—2010年间农业用地共减少400万公顷；其中278万公顷转变为未利用土地，这一用地类型变化与生态环境变化之间的关系值得关注。农村居民点用地保持稳定，15年间仅增长了3.24%；城镇用地增加了64万公顷，增长率为40.70%；其他建设用地增长42万公顷，增长率高达82.63%，是所有用地类型中增长最快的，其中，86.70%的增长在2000年之后，可见，2000年之后欠发达地区的工业化进程明显提速。

表4-1　不同地区土地利用类型的结构性差异　单位:%

年份	区域	农业用地	城镇用地	农村居民点	其他建设用地	未利用土地
1995	全国	76.40	0.40	1.50	0.20	21.60
	发达地区	92.70	1.70	4.40	1.00	0.20
	欠发达地区	74.40	0.20	1.10	0.10	24.20
2000	全国	75.90	0.40	1.50	0.20	22.00
	发达地区	92.70	1.70	4.60	0.90	0.10
	欠发达地区	73.90	0.20	1.10	0.10	24.70
2005	全国	75.80	0.50	1.50	0.20	21.90
	发达地区	91.60	2.30	4.80	1.20	0.00
	欠发达地区	73.80	0.30	1.10	0.10	24.70
2010	全国	75.70	0.60	1.50	0.30	21.90
	发达地区	91.00	2.60	4.80	1.50	0.00
	欠发达地区	73.80	0.30	1.10	0.10	24.60

资料来源：根据基础数据计算得出，下同。

如表4－2所示，从行政区划的国土面积来看，欠发达地区的省域面积依然占据我国绝大部分国土面积，达到88.93%；从结构来看，超过86.50%农业用地位于欠发达地区；几乎全部的未利用开发用地也位于欠发达地区，比例高达99.99%；欠发达地区承担了绝大部分提供生产生活原料和调节生态环境的功能。

在建设用地方面，农村居民点用地的区域分布约为2∶1，变化幅度不大。15年间，欠发达地区的农村居民点用地减少了1.2个百分点。相应地，城镇建设用地区域结构变化也较小，变化幅度为1.5个百分点，发达地区的城镇用地略多于欠发达地区。

其他建设用地的区域结构变化最为显著。1995年，63.33%的此类用地集中在东部发达地区，高于中西部欠发达地区约26个百分点；随后的15年间，欠发达地区的工业和交通设施建设提速，区域差距不断缩小，至2010年，区域差距减少了约8个百分点。

表4－2　　各类土地利用类型的区域性差异　　单位：%

年份	区域	农业用地	城镇用地	农村居民点	其他建设用地	未利用土地
1995	发达地区	13.42	50.21	33.33	63.33	0.08
	欠发达地区	86.58	49.79	66.67	36.67	99.92
2000	发达地区	13.49	47.42	33.81	58.22	0.03
	欠发达地区	86.51	52.58	66.19	41.78	99.97
2005	发达地区	13.37	51.26	34.26	60.06	0.01
	欠发达地区	86.63	48.74	65.74	39.94	99.99
2010	发达地区	13.30	51.74	34.52	59.22	0.00
	欠发达地区	86.70	48.26	65.48	40.78	100.00

4.2　能源消费碳排放状况分析

4.2.1　总量规模状况

(1) 全国总体状况

根据公式3－1计算能源消费碳排放规模。1995—2000年，全国能源消费碳排放规模呈稳定状态，维持在215000万吨水平。2000年之后，碳排放进入了快速上升通道，2000—2005年间共增长了73.45%，达到372339万吨；2005—2010年，碳排放规模保持了快速增长，5年间再度增长了77.69%，碳排放总量达到526761万吨。15年间，碳排放量共增加了311680万吨，共增长了144.91%；这与我国的经济社会发展和工业化进程基本同步，同时也说明土地利用与能源消费呈现出同步变化趋势。

从产业维度分析能源消费碳排放结构，工业和交通运输业的能源消费碳排放占了主导地位，平均占比达到80%以上。同时，工业和交通业能源消费碳排放也是增速最快的，2010年较1995年增长了165.64%。可见，大型工业和交通运输业的能源消费对于碳排放总规模的影响至关重要。

农业能源消费碳排放规模增长则相对较慢，15年间共增长了51.38%。在总体碳排放中所占的份额也基本保持稳定，至2010年占比刚超过4%。无论是碳排放规模还是增长速度，农业和非农产业差异巨大。

从城乡维度分析，农村居民生活消费所导致的能源消费碳排放则基本处于稳定状态，15年间仅增长了6.59%。与之相比较，主要产生于城镇地区的城镇生活消费、建筑业、批发业等产业所产生的碳排放量则增长了130.35%。

但与其他建设用地的碳排放规模相比，城镇用地和农村居民点用地的碳排放规模依然较小。1995年，城乡建设用地排放量占总排放量的15.73%，随后逐年递减，至2010年，仅占总排放规模的11.07%。

（2）区域对比

1995—2010年，发达地区的能源消费碳排放规模从80189万吨，增长至197060万吨，涨幅为145.74%，与全国的涨幅基本一致。工业和交通运输业作为能源消费第一大户，贡献了80%以上的能源消费碳排放；至2010年，排放规模增加了157.37%，排放占比达到了84.92%。农业能源消费碳排放也增长了1030万吨，涨幅34.97%，占比反而从1995年3.68%下降至2.02%。农村居民消费碳排放规模与农业碳排放规模基本持平，至2010年，占比同为2.02%，增长率为76.17%。显然，农村地区的能源消费碳排放量难以对总排放规模和发展趋势产生影响。而在城镇地区，城镇居民生活消费、批发业、建筑业的碳排放量增长率达到了147.57%。

1995—2010年，欠发达地区的能源消费碳排放也保持了高速增长，增长率为144.41%，与发达地区同步。其中，工业和交通运输业贡献了88.17%的能源消费碳排放，增量为171768万吨；工业和交通运输业碳排放占比由1995年的74.47%，增长至2010年的272219万吨，增长率为171.00%，增速高于发达地区。欠发达地区的农业碳排放规模和增速都要高于发达地区，达到3092万吨和60.90%。欠发达地区在工业化进程加快的同时，农业能源消费也进一步增长，可能与欠发达地区承担更为重要的农业生产任务，以及劳动力流失之后生产方式改变有关。

与之形成鲜明对比的是，农村居民生活的能源消费碳排放则逐年递减，15 年共减少 673 万吨，排放量占比减少了 6.15 个百分点。可能与农村劳动力转移与农村空心化现象密切相关。而在城镇地区，城镇居民生活消费、建筑业、批发业等能源消费碳排放在快速增长了 121.67%。快速城镇化和乡村衰落也反映到了能源消费碳排放上面。

从绝对碳排放规模的横向对比来看，六成以上的碳排放发生在欠发达地区，比例维持在 1.60—1.68 之间，变化不大。在工业和交通运输业、农业、城镇消费和批发业等行业的能源消费碳排放比较上，欠发达地区的比例都高于 60%，并保持与发达地区的同步持续增长；而农村居民生活消费的能源消费碳排放上，欠发达地区的比例则从 85.76% 减少到了 76.47%，其结构改变主要因为欠发达地区的此类碳排放逐年减少。

将能源消费碳排放估算结果与相关研究结果比较，大多数研究根据 IPCC 参数计算得出的能源消费碳排放规模要低于本书的估计规模。主要原因来自于：其一，不同研究在 IPCC 参数的选择上存在差异；其二，部分研究只计算了煤、石油、天然气三大主要能源的碳排放量，而本书则将能够测算排放因子的所有能源种类都纳入了计算范围，因而碳排放规模较大。与中科院预测科学研究中心（刘秀丽，2011）的计算结果比较，本书的结果则略微偏低，计算结果在误差可接受范围之内。另一方面，与土地利用规模的计算目的类似，估算碳排放量目的不在于对绝对量的比较，而是用于横向的区域比较和纵向的时序比较，在保证统计口径和计算方法一致的情况下，即符合研究的设定。

4.2.2　碳排放强度状况

(1) 总体状况

能源消费碳排放规模是经济社会发展的特征之一，土地利用类型的变化同样也反映了经济社会发展的特征。因而在总量分析的基础上，根据公式 3－2 以不同类型土地面积计算的碳排放强度更能够反映经济社会发展的效率问题。

如表 4－3 所示，从全部土地利用类型的碳排放强度来看，1995—2000 年，受碳排放规模的影响，全国平均强度和发达地区的强度出现了阶段性下降；在 2000 年以后快速回升；而欠发达地区，排放强度保持了持续的增长。1995 年以来，全国综合碳排放强度从 2.767 吨/公顷增长至 6.344 吨/公顷，增长率为 129.29%；其中发达地区增长率为 89.03%，欠发达地区的增长率达到 147.10%。可见，欠发达地区在发挥经济增长中的“后发优势”的同时，能源消费与碳排放也表现出同样的状态。

表 4－3　　单位面积碳排放强度变化　　单位：吨/公顷

区域	1995 年	2000 年	2005 年	2010 年
全国	2.767	2.586	4.485	6.344
发达地区	11.342	8.788	15.603	21.440
欠发达地区	1.807	1.814	3.101	4.465

资料来源：根据基础数据计算得出。

横向比较，发达地区的碳排放强度远高于全国平均水平和欠发达地区，以欠发达地区为基准，1995 年，三者的比值为 1.53∶6.28∶1；至 2010 年，比值关系为 1.42∶4.80∶1。由于欠发达地区的碳排放强度增速较快，碳排放强度的区域差距逐渐缩小。但是从碳排放强度增长的绝对值来看，欠发达地区仍然远低于发达地区。15 年间，发达地区的碳排放强度增加了 10.10 吨/公顷，增长量是欠发达地区的 3.80 倍。综合看来，目前发达地区的碳强度要远高于欠发达地区，但欠发达地区的快速增长仍应引起关注。

（2）其他建设用地碳排放强度变化

碳排放强度最高的是其他建设用地，平均达到 1000 吨/公顷，比其他用地类型的碳排放强度高出 2 –4 个数量级。考虑到与其他建设用地对应的大型工业、交通业等产生了最多的碳排放，其占地面积又居于最末，碳排放强度高不难理解。如表 4 –4 所示，值得注意的是，欠发达地区的其他建设用地碳排放强度要远高于发达地区，差距呈现出日益扩大的趋势。究其原因，欠发达地区的其他建设用地规模要远低于发达地区，而对应产业的碳排放增长速度并不低于发达地区。欠发达地区的产业规模化程度低，分散度高，可能导致该区域内的遥感数据误差较大，但客观上也说明欠发达地区基础设施滞后与能源效率偏低之间存在一定的关联性。因而，强调规模而忽视效率的工业化进程可能给欠发达地区带来更为严重的生态压力问题。

表 4 –4　　其他建设用地碳排放强度区域差异　　单位：吨/公顷

区域	1995 年	2000 年	2005 年	2010 年
全国	1273. 781	1190. 431	1638. 912	1933. 795
发达地区	869. 765	800. 947	1069. 484	1243. 135
欠发达地区	1961. 815	1733. 183	2495. 333	2936. 905

资料来源：根据基础数据计算得出。

（3）农业用地碳排放强度变化

农业用地与其他建设用地正好相反，占地规模最大，而碳排放规模最小，因而碳排放强度最低。因而，如表 4 –5 所示，农业空间的碳排放强度不足 1 吨/公顷，其增长量也相应较少，是典型的低生态压力用地类型。发达地区的碳排放强度要明显高于欠发达地区，主要原因依然来自用地规模的差异。其次，西部欠发达地区由于地形地貌、资本稀缺、经营方式等原因，农业机械化水平低，农业生产对能源需求相对不旺盛，因而碳排放强度较低。

表 4－5　　农业用地碳排放强度区域差异　　单位：吨/公顷

区域	1995 年	2000 年	2005 年	2010 年
全国	0.128	0.137	0.188	0.193
发达地区	0.392	0.377	0.543	0.476
欠发达地区	0.091	0.099	0.133	0.150

资料来源：根据基础数据计算得出。

（4）城乡用地碳排放强度变化

如表 4－6 和 4－7 所示，从城乡对比来看，城镇用地的碳排放强度数倍于农村居民点用地。1995 年，城乡差异约为 5 倍，至 2010 年，城乡差异增长至 7 倍以上。城镇用地所对应的能源消费碳排放不仅包括了城镇居民的生活能源消费，而且还包括了建筑业，批发、零售业和住宿、餐饮业等非农产业的能源消费碳排放；而农村居民点用地，产业基础相对薄弱，仅与农村居民生活能源消费相对应。城乡在产业发展和生活消费领域的能源消费差异和碳排放强度差异不断扩大；1995 年，差额仅相当于总排放量的 1.61%；从 2000 年开始，城乡建设用地的碳排放差额已经超过了农业用地的碳排放量。相对而言，发达地区与欠发达地区的区域差异则并不显著。1995—2010 年，城镇用地和农村居民点用地的碳排放强度平均区域差异为 1.64∶1 和 2.04∶1。

表 4－6　　城镇用地碳排放强度区域差异　　单位：吨/公顷

区域	1995 年	2000 年	2005 年	2010 年
全国	66.884	60.520	72.458	96.748
发达地区	54.933	45.152	54.757	69.739
欠发达地区	78.569	74.377	91.073	125.708

资料来源：根据基础数据计算得出。

表4－7　　农村居民点用地碳排放强度区域差异　　单位：吨/公顷

区域	1995年	2000年	2005年	2010年
全国	14.322	10.728	12.930	13.125
发达地区	9.701	4.785	8.269	8.946
欠发达地区	16.619	13.764	15.359	15.329

资料来源：根据基础数据计算得出。

4.3　连片特困地区碳排放规模估计

在计算能源消费碳排放总规模和不同土地利用类型碳排放强度的基础上，利用Arcgis工具，根据全国土地利用现状数据进行县域尺度的土地利用类型分析，根据公式3－3、3－4估计连片特困地区片区尺度和县域尺度的碳排放规模。

这一估算方式，考虑了不同省级行政单位之间的碳排放差异，能够体现省域之间的差异，符合现实状况；其不足之处在于，未能在省域范围内区分贫困地区和非贫困地区的碳排放差异，也将隶属不同省份但相邻贫困地区的碳排放差异假设为省域差异，与现实情况存在一定的矛盾。但是省内差异小于省间差异的假设是合理的，在数据可获得性的前提下，采取这样的计算方式同时具备了合理性和可行性。

如表4－8所示，能源碳排放规模最大的是秦巴山片区，2010年碳排放量达到7776.45万吨，是片区平均值的2.14倍；排放规模最小的是吕梁山片区，2010年排放量为646.20万吨，仅为片区均值的17%。2000—2005年，连片特困地区的碳排放平均增长率为60.05%，低于全国的碳排放增速，但增长最快的滇西片区增速达到 184.70%；2005—2010 年，在全国增速进一步上升的情况下，11 个片区的平均增速下降了约 10 个百分点，但燕山太行山片区的增速达到了 116.07%，排放规模最大的秦巴山片区增速也超过了 60%。

表 4-8　　连片特困地区碳排放规模

片区	2000 年（万吨）	2005 年（万吨）	2010 年（万吨）	2000—2005 增长率（%）	2005—2010 增长率（%）
大别山片区	2258.24	3111.86	4871.70	37.80%	56.55%
大兴安岭片区	770.48	1154.30	1427.77	49.82%	23.69%
滇桂黔片区	2760.17	4161.24	5759.84	50.76%	38.42%
滇西片区	705.81	2007.46	2326.72	184.42%	15.90%
六盘山片区	1061.42	1429.74	1963.66	34.70%	37.34%
罗霄山片区	405.53	733.92	898.11	80.98%	22.37%
吕梁山片区	285.07	427.00	646.20	49.79%	51.33%
秦巴山片区	3445.43	4695.99	7776.45	36.30%	65.60%
乌蒙山片区	2197.48	3855.50	5428.13	75.45%	40.79%
武陵山片区	1049.26	1984.67	2460.47	89.15%	23.97%
燕山太行山片区	1687.35	2798.85	6048.15	65.87%	116.09%

资料来源：根据基础数据计算得出。

由于各个片区地域面积和人口总量上存在明显的差异，片区间碳排放总量规模并不完全具备可比性，需要从排放强度角度予以补充。图 4-1 同时反映了各片区 2010 年的碳排放规模与强度。碳排放强度最高的片区为大别山片区和燕山太行山片区，2010 年碳排放强度达到 7.09 吨/公顷和 6.49 吨/公顷，环境压力明显高于其他片区。所有片区的碳排放强度均呈现为增长态势，2000 年尚有半数以上的片区强度值低于 1 吨/公顷，最高的大别山片区也仅为 3.29 吨/公顷；至 2010 年，片区的平均碳排放强度已达到 3.00 吨/公顷。2000—2010 年，片区尺度的碳排放规模普遍翻了一番，增长率最低为大兴安岭片区和六盘山片区，其碳排放强度也一直维持了相对最低的水平。滇西片区和燕山太行山片区的能源碳排放强度在 10 年间增长了 2 倍多，但由于基数差异，滇西片区依然是碳排放强度最小的片区，而燕山太行山片区的碳排放强度已高于片区平均值 1 倍。大别山片区和燕山太行山片区最接近经济发达地区，碳排放规模与碳排放强度均大幅高于其他片区；滇桂黔、秦巴山和武陵山片区相邻，同属地域面积大的南方片区，碳排放规模大，碳排放强度较高；其他片区的碳排放强度和规模均较低。

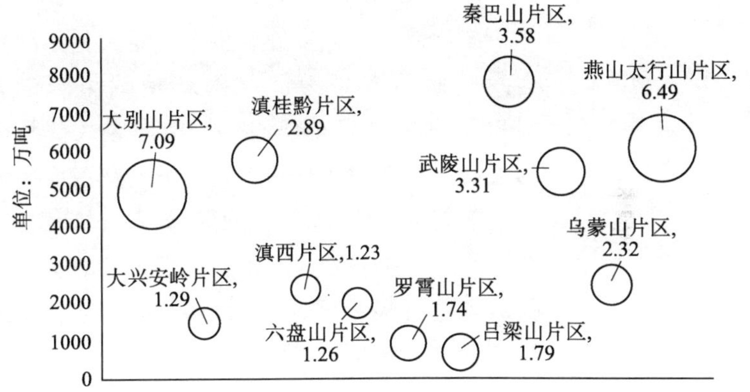

图 4－1　连片特困地区碳排放规模与碳排放强度①

资料来源：根据基础数据计算得出。

① 气泡大小代表片区碳排放强度，由对应数值表示；气泡位置代表片区碳排放规模，由纵轴数值表示。

第5章

连片特困地区“人口—社会—环境”耦合关系分析

连片特困地区多处于生态脆弱区，经济社会发展面临着更为严峻的环境约束，破解“PPE”怪圈成为实现连片特困地区减贫脱贫的关键。在全球变暖的大背景下，贫困地区难以独善其身；已有研究表明，贫困人口对气候变化的应对能力更为不足。本书研究的主题是低碳减贫发展，因此必须以“碳”为中心分析“人口—社会—环境”之间的耦合关系。

在“人口—社会—环境”这一大系统之下，存在着“人口—环境”“人口—社会”“社会—环境”三个相互关联的子系统，三个子系统内部元素之间存在独立的变化规律，其内部变化情况又能够对子系统之间的联系产生影响。子系统之间形成两两互动的关系，因此，需要分别分析三个子系统的状态变化以及子系统之间的耦合关系。

系统耦合概念源于物理学，指两个或两个以上的系统或运动方式之间通过相互作用而彼此影响以致协同的现象。这一概念延伸至社会科学领域，多应用于经济社会发展与生态环境的耦合，产业发展与城市扩展的耦合等方面（王雪妮，2011）。

双系统耦合分析较为常见，多见于社会系统与环境系统的耦合分析，经济社会发展与生态环境变化都属于子系统的自我运动和发展，但其相互作用和彼此影响事关人类社会可持续发展的前景。考虑到贫困地区的发展最终要解决的问题是人在社会和环境中的发展问题，以及“人”这一要素的重要作用，因而将“人”作为独立要素，构建了“人口—社会”和“人口—环境”子系统，与“社会—环境”子系统共同形成了三个各自独立有相互影响的体系。三个子系统的相互作用关系被定义为“人口—社会—环境”的耦合关系。

5.1　变量选取及评价指标

为将人口、环境和社会发展纳入统一的分析框架中，需要选择合适的指标分别代表三个子系统的变动情况。

“人口—社会”子系统的指标为人均国内生产总值，贫困地区社会发展的主要任务还是发展经济，人均 GDP 不仅能够衡量县域经济的发展状况，而且将经济发展与个体发展相联系。

“人口—环境”子系统的指标为人均资源占有量，突出低碳发展背景下碳汇资源的重要性，以人均 NPP 值的倒数代表人均资源禀赋①。

“社会—环境”子系统的指标为环境压力，以碳排放量与碳汇资源量的比值反映特定区域内碳排放对生态系统的压力。

常见的耦合分析多以绝对值作为变量值，只能代表单一变量的变动状态；本书以相对值作为指标，能够反映子系统内不同变量之间的联动状态。同时，在贫困地区低碳发展进程中，不仅仅要关注总量的发展，更应关注效率值和强度值的提升，提高贫困人口个体的发展水平，提高资源要素的利用效率，降低生态环境压力，因而采用相对值进行耦合分析更为合理。

在传统耦合度的基础上，参考廖重斌（1999）提出的协调发展模型，构造能够较全面反映子系统整体“功效”和“协同”的耦合协调度模型，目的是判别不同片区和贫困县市区人均资源禀赋、社会发展和环境压力的交互耦合协调程度。

首先需要通过功效函数进行无量纲化处理：

正向指标：$U_i = \frac{x_i - x_{\min}}{x_{\max} - x_{\min}}$

逆向指标：$U_i = \frac{x_{\max} - x_i}{x_{\max} - x_{\min}}$　　（公式 5-1）

其中 x_i 代表某单位在 i 子系统中的指标值；$x_{\max}$ 和 $x_{\min}$ 则代表该子系统所有单位指标值的极值。根据指标值与系统状态的关系判断正向或逆向指标。其中“人口—社会”子系统为正向指标；“人口—环境”“社会—环境”子系统为逆向指标。在此基础上计算

① 考虑到后续分析中引入和改进了 IPAT 模型，指标值以倒数形式表示，详见章节 10.1。

$$C = \left[\frac{\prod_{i=1}^{m} U_i}{\prod (U_i + U_j)} \right] \qquad \text{（公式 5－2）}$$

$$T = \sum f_i \times U_i \qquad \text{（公式 5－3）}$$

$$D = (C \times T)^{1/2} \qquad \text{（公式 5－4）}$$

其中，C 为包含 m 个子系统的耦合度，T 为综合评价指数，D 为耦合协调度。本书中 U_i 为三个子系统的代表指标，即人均资源禀赋、人均 GDP 和环境压力指数。f_i为待定系数，考虑到三个子系统的同等重要性，均取值为 1/3。耦合度 C 处于［0，1］的区间，最大值即最佳协调状态；反之，处于失调状态。耦合协调度 D 综合了三个子系统的耦合状况以及所处的发展层次，反映了三个子系统的整体协同效应或贡献，比耦合模型具有更高的稳定性及更广的应用性。划分标准如表 5－1 所示。

表 5－1　　耦合协调度等级划分标准

协调度范围	协调状态	协调度范围	协调等级
0.00—0.10	极度失衡	0.51－0.60	勉强协调
0.11—0.20	严重失衡	0.61－0.70	初级协调
0.21—0.30	中度失衡	0.71－0.80	中级协调
0.31—0.40	轻度失衡	0.81－0.90	良好协调
0.41—0.50	濒临失衡	0.91－1.00	优质协调

资料来源：根据文献资料整理得出。

耦合协调程度越高，说明三个子系统的整体协调性越高，缓解人均资源消耗、降低环境压力与发展经济、减贫增收之间越能相互促进，协调发展；反之，则将导致一方面的发展阻碍另一方面的发展，或子系统之间相互遏制，导致恶性循环，陷入“PPE”

怪圈。

5.2 耦合状况及失衡因素分析

5.2.1 各片区县域耦合协调度分析

如表5－2和5－3所示，在11个连片特困地区中，县级单位的人口、环境、社会发展状况各异，存在大量耦合协调度失衡的单位；失衡占比约为40%。大量失衡单位的存在，说明贫困地区“人口—社会—环境”协调发展的任务依然艰巨。在所有的失衡类型中，严重和极度失衡的比例约为13%—19%，轻度和中度失衡的比例17%—20%，濒临失衡的比例超过了60%。这一比例分布表明尽管存在大量的失衡现象，但是有超过60%的失衡县市区耦合协调度接近了协调区间，不仅调整和优化的空间较大，而且通过调整实现县域“人口—社会—环境”均衡发展目标也是切实可行的。

表5－2　　连片特困地区耦合协调度失衡状态　　单位：个

片区	2000年			2005年			2010年		
	极度严重	轻度中度	濒临失衡	极度严重	轻度中度	濒临失衡	极度严重	轻度中度	濒临失衡
大别山片区	3	4	7	3	3	9	3	1	9
大兴安岭片区	2	0	4	2	2	3	2	1	4
滇桂黔片区	2	10	26	3	1	32	3	7	7
滇西片区	3	11	26	3	2	11	3	5	10
六盘山片区	2	0	15	3	9	26	3	6	27

续表

片区	2000 年			2005 年			2010 年		
	极度严重	轻度中度	濒临失衡	极度严重	轻度中度	濒临失衡	极度严重	轻度中度	濒临失衡
吕梁山片区	3	0	2	3	6	9	3	3	8
罗霄山片区	3	0	5	3	0	5	3	0	3
秦巴山片区	4	0	11	3	2	18	3	3	12
乌蒙山片区	2	3	12	2	11	20	2	2	7
武陵山片区	3	3	13	3	6	15	3	5	17
燕山太行山片区	3	3	7	3	4	12	4	1	5
合计	30	34	128	31	46	160	32	34	109

资料来源：根据基础数据计算得出。

表 5－3　连片特困地区耦合协调度不同失衡类型构成　　单位：%

片区	极度严重失衡	轻度中度失衡	濒临失衡
大别山片区	21.50	18.75	59.74
大兴安岭片区	30.16	14.29	55.56
滇桂黔片区	10.41	23.42	66.16
滇西片区	14.31	22.59	63.10
六盘山片区	9.33	13.45	77.22
吕梁山片区	32.70	18.25	49.05
罗霄山片区	41.67	0.00	58.33
秦巴山片区	18.79	8.45	72.75
乌蒙山片区	12.00	23.05	64.94
武陵山片区	13.43	20.26	66.31
燕山太行山片区	26.29	18.04	55.67

资料来源：根据基础数据计算得出。

从绝对数量上看，各片区极度与严重失衡的单位数为 2—4 个，与功效函数、耦合协调度计算方法密切相关，通常分别对应了“人口—社会—环境”三个子系统相对发展程度最低的贫困县市区。2005年，中度、轻度和濒临失衡的单位数都大幅增加，全部贫困县市区中均衡发展的比例下降；这一趋势在2010年得到了遏制，失衡单位数较2005年有了大幅减少。2000—2010年间，主要的状态转移发生了“濒临失衡”与“均衡类型”之间，极度和严重失衡、中轻度失衡的单位数基本保持稳定。

在所有11个片区中，濒临失衡比例最高的片区为六盘山片区和秦巴山片区，通过调整实现全片区协调发展的相对难度较小；而在吕梁山、大兴安岭、燕山太行山片区存在大量的县市区耦合协调度远离协调区间，在扶贫工作中实现“人口—社会—环境”协调发展将面临更大的困难。

5.2.2 耦合失衡影响因素分析

（1）极度和严重失衡单位的影响因素

极度和严重失衡是耦合协调度最低的类型，所占比例不大，而且情况最为特殊。根据耦合度计算公式5－1至5－4，需计算三个子系统发展的协调状态；在进行数据无量纲化和标准化的过程中，必然使得发展程度最低的单位在某个子系统的指标值出现0值，从而必然导致其耦合度和耦合协调度为0，从而被划分到极度失衡状态中。从逻辑上来讲，因为存在3个子系统，因而各个片区应至少应存在3个极度失衡的单位，分别对应三个子系统在片区内的最低发展水平。对比计算结果，出现差异的地区为大兴安岭、滇桂黔、六盘山和乌蒙山片区。究其原因，在大兴安岭片区中，吉林省的大安市在生态承载力和人均资源禀赋的两个指标值均为0，即“社会—环境”和“人口—环境”子系统的发展情况均为相对最低，不仅人均碳汇资源禀赋不足，而且碳排放所带来的环境压力也是片区内的极值。与之类似，滇桂黔片区中的贵州省西秀区（2000 年），六盘山片区中的甘肃省临夏市（2000 年），乌蒙山片区的云南省昭阳区（2000—2010 年），也具备相同特点。从我国行政区划的命名惯例看，上述 4 个单位均为区域性中心，经济社会发展程度相对领先，因而产业和社会资源聚集也产生了较大规模的人口聚集和碳排放，同时也必然导致较高的土地利用强度；生态空间减少，碳汇能力降低，与环境相关的两个子系统的发展程度居于末位。与之相对应的就是“人口—社会”子系统的发展程度往往处于片区内的领先位置，三个子系统之间形成了极为明显的反差，也反映出人类活动和自然环境发展在局部区域的高度不平衡。在其他片区的极度失衡单位中也存在类似的现象，即“社会—环境”或“人口—环境”子系统矛盾突出的单位，其“人口—社会”系统相对发达。面对这一协调发展的困境，首先应该认识到其存在的合理性，经济社会的发展必然产生区域性中心，即使是在贫困地区也仍然存在相对较为发达的地区，其承担着政治、经济、文化、教育、医疗等各个方面的职能，人口、产业的聚集导致建设用地增加，在增加碳排放的同时又降低了碳汇能力。因此，对于这一类型的极度失衡单位，应重点提高资源的使用效率，合理配置人口和产业资源；将区域发展规划中考虑碳平衡问题，努力实现经济社会发展的辐射区域与碳平衡区域相匹配。

与之对应，另一类极度失衡的县市区则是“人口—社会”子系统发展严重滞后的单位。在资源禀赋和环境压力尚可的情况下，应聚焦于产业发展，合理开发优势资源；若资源禀赋和环境压力处于临界线附近，则应考虑当地经济社会发展的经济成本和环境成本。对于个别极度失衡单位，通过大规模生态迁移等方式能够同时缓解环境压力和扶贫压力，不失为一种有效的减贫路径。

（2）轻度、中度和濒临失衡单位的影响因素中度、轻度和濒临失衡的单位较多，对其耦合协调度失衡的影响因素需要进一步分析。如表5－4和5－5所示，因不同子系统发展程度不足而导致系统耦合协调度失衡的比例呈现出相对集中的趋势。轻度和中度失衡类型中，“社会—环境”子系统的状态并非失衡的主要因素①，例如大别山等六个片区，因环境压力过大导致系统失衡的单位数一直保持为0。“人口—环境”子系统的状态也并非主要因素，仅在少数年份产生较大影响；可见，人均碳汇资源禀赋不足在部分片区对系统协调发展的影响较大，例如滇西片区。“人口—社会”子系统的发展状态欠佳是大量单位耦合失衡的主要因素，人均GDP低下甚至成为部分片区多个单位系统耦合失衡的唯一原因。在濒临失衡类型中，这一特征表现得更为明显。几乎全部片区的首要失衡因素都是“人口—社会”系统发展程度不足。可见，经济社会欠发达是连片特困地区的首要矛盾，即使是将环境压力和资源禀赋纳入综合评价的情况下，解决经济发展问题仍然是破解“PPE”怪圈的主要途径。

通过失衡因素分析寻找到导致“PPE”怪圈的首要因素，迫切需要改善“人口—社会”子系统的发展状态。通过发展经济，提升人均产值来改善贫困状态是长久以来的减贫发展模式，也是解决经济贫困问题的必经之路。但在系统协调发展角度分析如何提升“人口—社会”子系统的发展程度，需要选择对其他子系统负面影响最小的发展路径。人口、碳汇资源、碳排放是另外两个子系统的构成元素，碳汇资源规模受自然因素影响大，短期内难以大幅提升；贫困地区人口众多，采取大范围大规模迁移的方式也不现实；因而减排增效，低碳发展成为了连片特困地区实现脱贫目标和生态文明建设的必然选择。

---

① 各年各片区系统失衡首要因素在表中由下划线标注。

表 5-4　耦合协调度失衡影响因素（轻度和中度失衡）

单位：%

片区	"社会—环境"			"人口—环境"			"人口—社会"			复合因素		
	2000年	2005年	2010年	2000年	2005年	2010年	2000年	2005年	2010年	2000年	2005年	2010年
大别山片区	0.00	0.00	0.00	20.00	42.86	0.00	60.00	28.57	100.00	20.00	28.57	0.00
大兴安岭片区	0.00	0.00	0.00	0.00	0.00	0.00	0.00	100.00	100.00	0.00	0.00	0.00
滇桂黔片区	0.00	0.00	0.00	0.00	0.00	11.11	100.00	100.00	77.78	0.00	0.00	11.11
滇西片区	16.67	16.67	18.18	16.67	33.33	27.27	36.67	16.67	27.27	30.00	33.33	27.27
六盘山片区	0.00	0.00	0.00	0.00	0.00	0.00	0.00	100.00	100.00	0.00	0.00	0.00
吕梁山片区	0.00	6.67	14.29	0.00	26.67	28.57	0.00	40.00	28.57	0.00	26.67	28.57
罗霄山片区	—	—	—	—	—	—	—	—	—	—	—	—
秦巴山片区	0.00	0.00	0.00	0.00	0.00	28.57	0.00	100.00	42.86	0.00	0.00	28.57
乌蒙山片区	0.00	4.00	16.67	28.57	24.00	33.33	42.86	44.00	16.67	28.57	28.00	33.33
武陵山片区	0.00	20.00	21.43	20.00	20.00	21.43	60.00	40.00	35.71	20.00	20.00	21.43
燕山太行山片区	0.00	0.00	0.00	25.00	0.00	0.00	50.00	100.00	100.00	25.00	0.00	0.00

数据来源：根据基础数据计算得出。

表 5-5　耦合协调度失衡影响因素（濒临失衡）

单位：%

片区	“社会—环境”			“人口—环境”			“人口—社会”			复合因素		
	2000 年	2005 年	2010 年	2000 年	2005 年	2010 年	2000 年	2005 年	2010 年	2000 年	2005 年	2010 年
大别山片区	4.55	0.00	4.17	31.82	30.00	37.50	31.82	40.00	29.17	31.82	30.00	29.17
大兴安岭片区	16.67	20.00	25.00	0.00	20.00	0.00	66.67	40.00	75.00	16.67	20.00	0.00
滇桂黔片区	0.00	0.00	0.00	9.38	10.00	0.00	81.25	80.00	100.00	9.38	10.00	0.00
滇西片区	13.89	5.26	22.22	2.78	21.05	16.67	69.44	52.63	38.89	13.89	21.05	22.22
六盘山片区	6.67	0.00	0.00	0.00	6.67	0.00	93.33	86.67	100.00	0.00	6.67	0.00
吕梁山片区	0.00	0.00	12.50	25.00	8.33	18.75	50.00	75.00	43.75	25.00	16.67	25.00
罗霄山片区	0.00	0.00	33.33	0.00	0.00	0.00	100.00	100.00	66.67	0.00	0.00	0.00
秦巴山片区	0.00	4.55	5.56	13.33	4.55	11.11	73.33	81.82	66.67	13.33	9.09	16.67
乌蒙山片区	7.14	4.17	0.00	21.43	4.17	18.18	42.86	83.33	63.64	28.57	8.33	18.18
武陵山片区	0.00	8.70	4.55	11.76	8.70	9.09	76.47	65.22	77.27	11.76	17.39	9.09
燕山太行山片区	0.00	11.11	0.00	26.67	11.11	44.44	46.67	61.11	33.33	26.67	16.67	22.22

数据来源：根据基础数据计算得出。

第6章 连片特困地区“产业发展—碳排放”脱钩关系分析

第 5 章的分析论述了“人口—社会”子系统发展程度与“人口—社会—环境”系统耦合失衡之间的关系，将破解“PPE”怪圈的切入点聚焦到了“人口—社会”子系统内部。如何实现低碳产业发展，提升人均 GDP，改善“人口—社会”子系统的发展状态，技术是一个重要的影响因素。

在“人口—社会—环境”三个子系统中，人口和碳汇规模的变化会同时引起两个子系统的状态改变，而碳排放和 GDP 却只能影响一个子系统，经济社会发展与碳排放之间并没有建立直接数量关系。GDP 和碳排放代表了经济社会发展的期望产出和非期望产出，碳排放与 GDP 关系属于“人口—社会”子系统内部的状态变化，通常被视为技术水平的代表。技术水平并不能直接反映子系统的发展状态，但是技术水平的变动能够间接影响系统耦合协调度，能够将耦合关系进一步提升为恒等关系，即：碳排放/NPP = 人口/NPP × GDP/人口 × 碳排放/GDP

因而在耦合关系的基础上，补充技术指标，不但能够完善分析框架；而且在研究技术变化的过程中，将静态比较分析扩展到了动态分析。

与耦合概念一样，脱钩概念同样源自物理学领域，即考察具有响应关系的两个或者多个变量之间的相互影响关系的弱化（李效顺等，2008）。20 世纪末，OECD 将脱钩概念引入到农业政策的研究中，并逐步拓展到环境等领域。OECD 环境研究领域的专家将脱钩定义为阻断经济增长与环境冲击之间的联系或者说使两者的发展速度失去关联性（陈百亮等，2006）。

OECD 的脱钩计算重在考察基期和报告期总量的变化。根据计算结果将脱钩分为绝对脱钩与相对脱钩，绝对脱钩的含义是指经济发展的同时环境变量保持稳定或下降，也称之为强脱勾；而相对脱钩则表示经济发展和环境变量的发展同向增长，而经济发展的速率高于环境变化的增长速率，也称之为弱脱钩（OECD，2002）。Tapio（2005）在 OECD 总量分析模型的基础上纳入了相对变化量的分析，从而将“弹性”概念引入到了脱钩分析当中，能够动态的反映经济变量和环境变量之间的脱钩关系。根据弹性值的差异，进一步将脱钩状态划分为弱脱钩、强脱钩、弱负脱钩、强负脱钩、扩张负脱钩、扩张副脱钩、扩张连接、衰退连接和衰退脱钩八大分类。见图 6 - 1。

如图 6 - 1 所示，彭佳雯等（2011）在 Tapio 和 Vehmas 的研究基础上，提出了经济增长与能源碳排放的脱钩分析模型，综合分析产值总量变化、能源碳排放总量变化和弹性变化，确定经济变量和环境变量之间的脱钩状态和程度。由于农业和非农部门的

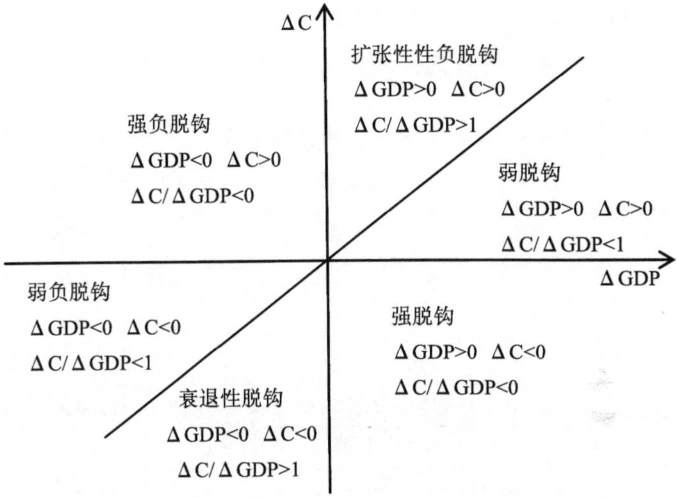

图6-1 “产业发展—碳排放”脱钩类型

产业发展和碳排放有显著差异，分别从农业部门和非农部门角度分析产业发展和能源碳排放之间的脱钩状态。鉴于经济发展和碳排放变化相互影响的长期效应，通常选取5—10年为时间间隔；本书分析以2000年为基期，以2010年为报告期。

6.1 农业部门

如表6-1所示，从农业部门的发展情况看，在片区尺度分析第一产业增加值与农业碳排放的弹性变化，滇桂黔片区和吕梁山片区的状态最佳，在保持农业产业规模扩大的同时，实现了碳排放的绝对减排，处于强脱钩状态。大别山、大兴安岭等6个片区属于弱脱钩状态，农业产业规模和碳排放规模均保持正向增长，碳排放规模的增长速度较慢。而滇西、罗霄山和秦巴山片区的碳排放增速则高于了农业产值增速，农业产业发展的环境效率不佳，处于扩张性负脱钩区间。

表 6－1 连片特困地区“产业发展—碳排放”脱钩关系（农业部门）

单位：个

片区	单位数	弱脱钩	扩张性负脱钩	强负脱钩	弱负脱钩	衰退性脱钩	强脱钩
11 片区	11	6[①]	3[②]	0	0	0	2[③]
大别山片区	36	23	13	0	0	0	0
大兴安岭片区	18	13	4	1	0	0	0
滇桂黔片区	80	4	35	1	0	1	39
滇西片区	56	8	47	1	0	0	0
六盘山片区	61	47	14	0	0	0	0
罗霄山片区	23	3	20	0	0	0	0
吕梁山片区	20	7	0	0	1	0	12
秦巴山片区	75	22	52	1	0	0	0
武陵山片区	64	14	33	2	0	2	13
乌蒙山片区	38	2	26	0	0	1	9
燕山太行山片区	33	19	6	0	0	0	8

资料来源：根据基础数据计算得出。

进一步从片区内的县域尺度进行分析，县级单位的脱钩状况与各自片区总体的脱钩状态大体保持一致。在强脱钩状态的滇桂黔片区和吕梁山片区内，处于强脱钩状态的县级单位数量占优势

① 大别山片区、大兴安岭片区、六盘山片区、武陵山片区、乌蒙山片区、燕山太行山片区。

② 滇西边境片区、罗霄山片区、秦巴山片区。

③ 滇桂黔石漠化片区、吕梁山片区。

地位，有力地促进全片区的农业减排；但滇桂黔片区内处于扩张性负脱钩状态县市区也达到 43.75%，两极分化严重。在处于弱脱钩状态的大别山、大兴安岭、六盘山、燕山太行山四个片区内，处于同样状态的县市区占到了半数以上。在滇西、罗霄山和秦巴山片区，扩展性负脱钩状态占了主导地位，农业生产模式迫切需要调整。武陵山片区和乌蒙山片区的特征与上述特征不符，武陵山片区脱钩弹性指标值为 0.97，接近弱脱钩与扩张性负脱钩的临界线，片区内部半数以上的县级单位处于扩展性负脱钩状态，同时“强脱钩”所占的比例也达到了 20% 以上，片区尺度的脱钩状态并不能代表片区总体的脱钩特征。乌蒙山片区脱钩弹性指标值为 0.09，整个片区在 2000—2010 年农业产值增长了 68.85%，与此同时农业碳排放仅增加了 6.22%，整体发展态势良好；但片区内有近七成的县市区为扩张性负脱钩状态，片区尺度与县域尺度的特征严重背离。

6.2　非农部门

如表 6-2 所示，无论是片区尺度还是县域尺度，非农部门产值增长与能源碳排放增长的脱钩状态较为集中，多数都处于弱脱钩状态。考虑到技术、资金等要素稀缺的限制，当前贫困地区的非农产业处于较好的效率阶段，大范围实现产业规模扩大和碳排放规模绝对降低脱离了贫困地区的实际。总体来看，仍有 27.92% 的县级单位处于扩张性负脱钩状态，环境生产效率需要提升；共有 48 个县市区在 2000—2010 年实现了非农产业发展与能源碳排放的绝对脱钩，环境生产效率较高，需要进一步观察其延续性，维持产业可持续发展的惯性。

表 6-2 连片特困地区"产业发展—碳排放"脱钩关系（非农部门）

单位：个

片区	单位数	弱脱钩	扩张性负脱钩	强负脱钩	弱负脱钩	衰退性脱钩	强脱钩
11 片区	11	9①	2②	0	0	0	0
大别山片区	36	17	14	0	0	0	5
大兴安岭片区	18	9	8	1	0	0	0
滇桂黔片区	76	41	22	0	0	0	13
滇西片区	55	40	12	0	0	0	3
六盘山片区	61	59	2	0	0	0	0
罗霄山片区	23	13	7	0	0	0	3
吕梁山片区	18	11	5	0	0	0	2
秦巴山片区	75	56	18	0	0	0	1
武陵山片区	64	23	31	0	0	0	10
乌蒙山片区	37	22	7	1	0	0	7
燕山太行山片区	33	14	15	0	0	0	4

资料来源：根据基础数据计算得出。

在非农部门的脱钩状态中，同样存在片区尺度与县域尺度特征不吻合的情况，例如滇西片区。同时，存在少量县市区处于强负脱钩、弱负脱钩和衰退性脱钩等特殊状态，尽管对片区总体情况影响不大，但对县域产业发展和生态保护有直接影响；在制定具体政策时，需要予以特殊考虑。

① 大别山片区、大兴安岭南麓片区、滇桂黔石漠化片区、六盘山片区、罗霄山片区、吕梁山片区、秦巴山片区、武陵山片区、乌蒙山片区。

② 滇西边境片区、燕山太行山片区。

6.3　脱钩与耦合关系的联合分析

一个较为理想的发展模式：当“产业发展—碳排放”发展关系实现脱钩时，“人口—社会—环境”系统耦合协调度得以提升；换言之，以“单位产值碳强度”为代表的技术水平提升能够促进系统耦合协调度的提升。

在动态变化中实现关系脱钩的单位，其技术水平提升要高于负脱钩单位，因而假定其系统耦合协调度的改进也应优于负脱钩单位。通过比较县域尺度的脱钩关系和耦合关系变化验证以上假定。以脱钩类型分类，考察不同片区不同脱钩关系下的耦合协调度变化情况。为与脱钩关系分析的时间间隔相匹配，选择以 2000 年为基期和 2010 年为报告期分析耦合协调度变化情况；以报告期数值除以基期数值，若变化率大于 1，则系统耦合状态正向改进；若变化率小于 1，系统耦合状态退化。

如表 6－3 所示，非农产业部门中，在不同碳排放与产值增长的脱钩关系下，技术水平变化与耦合关系变化呈现出很好的同步关系。在脱钩关系下，技术水平提升，耦合协调度平均水平得以改善；而在大部分片区，处于负脱钩关系的单位，其平均耦合协调度也呈负向发展。脱钩与耦合的关系得到了很好的印证。六盘山片区和吕梁山片区较为特殊。六盘山片区所有脱钩类型的平均耦合协调度都呈下降趋势，脱钩单位的情况依然占优，符合脱钩与耦合的匹配关系。吕梁山片区也呈现出全面退化的困境，并且脱钩单位的协调度退化情况更为明显；究其原因，吕梁山片区的单位数较少，剔除极值后[①]，样本量进一步缩小。根据功效函数和耦合协调度计算方法，会出现指标值为0的极值单位，当基期指标值为0时，无法作为除数，耦合协调度变化率为正无穷大；当报告期指标值为0时，变化率为0。在脱钩类型中，共有4个极值单位，两个单位基期极值单位，一个报告期极值单位，一个单位基期报告期状态均为0；而在负脱钩关系中，仅有一个报告期极值单位。脱钩类型中剔除了两个耦合协调度改善程度最大的单位，因而吕梁山片区的异常值很可能与样本数和极值相关。总体而言，非农部门中脱钩关系所代表的技术水平变化与耦合状态变化同步。

在农业部门，也能较好地反映技术进步对系统耦合的促进，但也在大兴安岭片区等片区有所出入。究其原因，脱钩关系按不同产业部门计算；而耦合关系是基于全产业口径计算。在三次产业结构中，非农产业的产值和碳排放规模都是最大的，因而非农部门的脱钩关系和技术变化能够更好地解释全社会“人口—社会—环境”系统耦合度变化。农业部门的脱钩关系既可能与非农部门保持一致，也可能有独立的发展状态，但对整体耦合度变化的解释度降低。值得特别注意的是，在六盘山片区，两部门的脱钩关系都与耦合状态变化匹配，但耦合协调度都呈现出全面退化的特征，社会和自然的可持续发展能力亟须提升。

表6-3　不同脱钩关系下耦合协调度变化情况

片区	非农部门			农业部门		
	弱脱钩	强脱钩	负脱钩	弱脱钩	强脱钩	负脱钩
大别山片区	1.07	1.15	0.98	1.08	—	0.99

① 计算中剔除了极值，基期极值所对应指标值为0，无法计算比值；同时也剔除了报告期为0的极值单位。

续表

片区	非农部门			农业部门		
	弱脱钩	强脱钩	负脱钩	弱脱钩	强脱钩	负脱钩
大兴安岭片区	1.06	—	0.92	0.94	—	1.01
滇桂黔片区	1.07	1.17	1.05	1.05	1.16	1.01
滇西片区	1.23	1.22	1.17	1.47	—	1.17
六盘山片区	0.91	—	0.85	0.92	—	0.86
罗霄山片区	1.02	1.01	0.99	0.96	—	1.01
吕梁山片区	0.83	0.82	0.92	1.11	0.78	—
秦巴山片区	1.01	1.04	0.95	1.09	—	0.96
武陵山片区	1	0.97	0.89	0.95	1.02	0.92
乌蒙山片区	1.12	1.13	1.01	1.06	1.08	1.1
燕山太行山片区	1.1	1.08	0.94	1.04	1.09	0.92

资料来源：根据基础数据计算得出。

第7章 连片特困地区低碳生产效率分析

在第6章中，通过“人口—社会—环境”系统耦合度与“产业发展—碳排放”脱钩关系的联合分析，发现技术水平提升对促进系统协调发展的重要作用。产值与碳排放分别是产业发展的期望产出和非期望产出，碳排放强度的变化代表了技术水平的变化，“单位产值碳强度”降低被视为技术水平提升的结果，技术水平变化可视为效率的变化。效率变化的影响涉及多个方面，劳动力效率提升能够促进收入增长，资源利用效率提升能够间接提高人均资源禀赋，经济社会发展效率提升能够降低人类活动对环境的压力。因而效率在贫困地区“人口—社会—环境”系统整体演化过程中的发挥着核心作用。

在第5章中，“人口—社会—环境”系统耦合度分析结果表明，大部分贫困县市区失衡的主要原因还是“人口—社会”子系统发展滞后，人均国内生产总值增长较慢，解决问题的关键还是需要促进经济的快速发展。从解决经济发展问题入手解决贫困问题是一种惯性思维和常规做法，但是在低碳发展和建设生态文明的阶段，在明确了技术和效率对于协调发展和可持续发展的重要作用之后，贫困地区的经济社会发展的重点不应再是局限于总量规模，而应更多考虑如何在资源约束和环境约束情形下提升技术效率。

数据包络分析（Data Envelopment Analysis，DEA）是一种基于被评价对象间相对比较的非参数技术效率分析方法，其理论方法是由 Charnes、Cooper 和 Rhodes 三人于 1978 年首次提出。技术效率反映了生产单位技术水平高低，可以从投入和产出两个角度来衡量，在投入既定的情况下，由产出最大值来衡量技术效率；在产出既定的情况下，则由投入最小值来衡量（Farrell，1957）。DEA 方法在分析多投入多产出的情况下具有特殊的优势，因而在众多领域得到了广泛应用（成刚，2014）。

DEA 方法在环境领域的应用研究较为常见，具有较为突出的优势：其一，环境影响一般均被视为经济社会发展的副产品，能够分析多投入多产出的 DEA 方法可以同时对期望产出和非期望产出进行效率分析；其二，人类活动必然产生对环境的影响，因而对环境影响的分析主要是强度问题和效率问题，提高资源的利用效率则可以尽量减少对环境的负面影响，DEA 方法恰好聚焦于效率分析；其三，作为非参数估计方法，DEA 分析不要求“投入—产出”之间有确定的模型；人类活动对环境的影响机理复杂，应用 DEA 方法能够“化繁为简”，对经济社会发展的环境效率进行比较分析。

7.1 模型选择

DEA模型扩展性很强，目前已经由传统的CCR、BBC和加性模型发展到了找寻最近目标的模型。传统的DEA方法可以分为径向模型和非径向模型。径向模型：此类模型可通过等比例增减生产决策单位的输入（投入导向），或者等比例增减产出（产出导向），以达到生产可能集前沿，以CCR和BBC模型为代表。非径向模型：在此类模型中，可使输入或输出变化量的权重减少或增加之和最大，以达到生产可能集前沿。

目前，在环境效率测度中应用较多的模型为DDF（Directional Distance Function）模型、SBM（Slack Based Measure）模型，以及在SBM模型基础上发展而来的MinDS（Minimum Distance to Strong Efficiency Frontier Analysis）模型。王玲（2014）对以上模型进行了比较分析，三种方法计算出的效率值排序具有显著的高度相关性，换言之，在效率相对比较方面，三种方法的差异性不大。但是在实际应用中，松弛变量值代表着投入或产出的改进规模，同样是重要的分析结果。SBM和MinDS方法计算的效率值基于松弛变量得出，均能计算其改进量，要优于DDF方法。MinDS模型最大的特点在生产前沿选取最小距离的参考点来计算效率值，而SBM方法是寻找最远距离的投影点来计算效率值，因而采用MinDS模型更宜于做出改进决策。

在现实当中，环境问题往往是一个长期性的问题。根据截面数据做出的静态效率分析并不能很好的诠释环境问题的持续性和滞后性，同样也不利于就环境问题的长期影响做出合理决策。因而，在静态分析基础上，对各个研究“窗口”的静态效率变化进行动态分析是十分必要的。与 DEA 方式类似，Malmquist 指数也属于非参数分析方法，能够避免函数形式的假设对分析的影响。将两者相结合，不仅能够将动态分析与静态分析相结合；而且根据 Malmquist 指数的计算方法，能够将生产效率的动态变化分解为技术效率变化和技术进步（退步），有利于进一步深入分析。因而 Malmquist 生产率指数在效率动态分析中得到了广泛应用。同时，单一的 Malmquist 指数并难以测度包括非期望产出的多投入多产出模型的“低碳生产率”，需要根据方向性距离函数构建 Malmquist - Luenberger（ML）指数，可实现包含非期望产出的全要素生产率的测度。基于方向距离函数的基础，ML 指数能够与许多 DEA 模型相结合，分析和解释现实问题。王玲（2014）对环境技术效率测度的四种方法和八种具体模型进行了比较分析，得出的结论是，如果要求避免技术退步问题，SBM 全局 Malmquist 模型在现阶段更具备优势；在共同前沿分析模型中，SBM 模型要优于 DDF 模型。考虑到避免技术退步问题，同时要求各“窗口期”的效率值具备可比性，因此选择了窗口 Malmquist 模型进行分析。

根据本书的研究设定，在静态分析需同时测算生产率和松弛变量，为提升低碳减贫发展效率提供决策支持。在动态分析中，以 2000 年为基期“窗口”，2005 年和 2010 年为两个报告期“窗口”，分析效率变化和技术变化；这一研究设定以 2000 年的数据为“参考集”，各个“窗口期”之间的效率值具备可比性。为保证静态分析和动态分析的一致性，选择了 SBM 窗口 Malmquist 模型更为契合。

7.2 指标选取和效率分析

7.2.1 指标选取

鉴于农业和非农产业的生产效率和环境效率存在明显差异，对于贫困地区经济社会发展和农民增收的作用也存在明显的差异，选取了差别化的输入和输出变量分别构建模型，就产业差异和城乡差异角度对经济发展效率和环境效率进行测度。由于全书分析中土地资源是重要的转换变量，在产值变量和环境变量的选择上也需考虑与土地利用类型的对应关系。农业和农业用地能够较好地对应，但是非农产业所对应的土地利用类型难以进一步划分，城镇用地中包括大量的建筑业用地，而其他建设用地中又包含着碳排放强度和产值较高的交通用地，因此本书只进行农业和非农产业的划分，详见表 7－1。

表 7－1　　低碳生产效率模型指标选择

模型	输出指标	输入指标
农业部门模型 （片区尺度）	第一产业增加值 农业碳排放	全社会固定资产投资 乡村从业人员 农业用地
非农部门模型 （片区尺度）	非农产业增加值 非农产业碳排放	全社会固定资产投资 单位从业人员 乡村从业人员 非农用地

续表

模型	输出指标	输入指标
农业部门模型（县域尺度）	第一产业增加值 农业碳排放 农民人均纯收入	全社会固定资产投资 乡村从业人员 农业用地
非农部门模型（县域尺度）	非农产业增加值 非农产业碳排放 农民人均纯收入	全社会固定资产投资 单位从业人员 乡村从业人员 非农用地

输出指标：

产值指标：根据产业划分，分别选取第一产业增加值和非农产业增加值，所有数据均根据国内生产总值缩减指数处理为以2000年为基期的可比数据（下同）。数据来源于《中国县（市）社会经济统计年鉴》等统计资料。

环境指标：根据产业划分，分别选取农业空间和非农空间对应的能源消费碳排放总量值，数据来自于第4章的计算结果。以碳排放作为非期望产出，有别于传统的生产率；借鉴相关研究的命名方法，将计算得出的效率值定义为低碳生产效率。

收入指标：收入指标反映了个体贫困状况。由于农民收入多元化，农户兼业化现象普遍，能够同时在农业部门和非农部门获得收入，因而在两个模型中均将农民人均纯收入作为输出指标。片区尺度重在宏观分析，因而只在县域尺度模型中引入了该变量，更为具体地将经济发展、环境变化等宏观变化与个体减贫的微观变化联系起来。

输入指标：

投资指标：选取全社会固定资产投资作为投资变量。在县域尺度难以获得不同产业的固定资产投资数据，因而在两个模型中均使用了全口径的固定资产投资额，存在高估现象。DEA 分析重在对生产单位之间进行效率比较，在保证数据口径一致的情况下，也可以获得相对效率值。其次，通过松弛变量和效率目标值的比较，也能够测算不同产业部门的有效投资额，进而通过两个部门联合分析估算总的投资缺口和效率。

劳动力指标：单位从业人员数和乡村从业人员数被分别作为两个模型的变量。单位从业人员数代表了非农部门劳动力的情况，但是由于私营部门的存在，单位从业人员数可能低估实际的城镇劳动力规模。乡村从业人员数被同时引入了两个模型，从产业划分，乡村从业人员中有大量的农村非农产业从业人员；从个体划分，乡村从业人员存在大量的兼业情况。分产业的县域尺度劳动力数据难以获取，因而也采用了全口径数据，存在高估的情况，处理方法同投资数据。

土地指标：土地作为生产要素，在经济模型分析中往往被投资要素所取代，在 DEA 的研究文献中也有类似的情况。本书仍然保留了土地变量：其一，在我国现阶段，土地仍然是极为重要的生产要素，“保证十八万亩耕地红线”“房地产经济”“土地财政”等说法都印证了土地在国民经济中的重要地位；而我国的土地产权制度也决定了投资变动并不能完全反映土地利用变化。其二，在本书的研究中，土地处于核心位置，是经济、环境、社会分析的结合点，因而必须予以重点分析。农业部门模型中选择农业用地作为输入变量；非农部门模型中的非农用地包括城镇用地、其他建设用地和农村居民点用地。农村居民点用地承载着农村的非农产业，与非农产业发展和农民增收关系密切；并且农村居民点用地规模大，碳排放特征也有别于其他用地类型，因而将农村居民点作为独立的变量纳入分析。

7.2.2　无效率因素分析

效率分析的关键是对非效率单位进行无效率因素分析和无效率贡献率计算，寻找导致生产效率不足的主要原因。基于 SBM 模型建立的低碳生产效率模型在结果中给出来了各个投入要素和产出指标的松弛变量值，即当前投入或产出中的无效率部分；根据松弛变量即可进一步计算得出投入无效率、期望产出无效率和非期望产出无效率等。本书采用了 Cooper et al.（2007）和王玲（2014）的观点和方法。

投入无效率：$IE_x = \frac{1}{m}\sum_{i=1}^{m} s_{i0}^{-}/x_{i0}$

期望产出无效率：$IE_y = \frac{1}{s_1}\sum_{r=1}^{s_1} s_{r0}^{y+}/y_{r0}$

非期望产出无效率：$IE_b = \frac{1}{s_2}\sum_{l=1}^{s_2} s_{l0}^{b-}/b_{l0}$

综合无效率：$IE = IE_x + IE_y + IE_b$

S_{i0}^{-}/x_{i0}、s_{r0}^{y+}/y_{r0}、s_{l0}^{b-}/b_{l0}分别代表是投入、期望产出、非期望产出的可改进比例。

IE_x/IE、IE_y/IE、IE_b/IE 则分别代表了投入、期望产出、非期望产出的无效率贡献率。根据模型的设定不同，投入和产出的无效率和贡献率可以进一步分解，从而判断出导致效率不足的主要原因。

7.3　片区尺度分析

7.3.1　农业部门

如表 7 - 2 所示，在 2000 年，11 个连片特困地区的有效单位数为4个，分别为大别山片区、大兴安岭片区、吕梁山片区和罗霄山片区，并一直保持稳定；7个非效率片区中，六盘山片区在2005年和2010年将效率值提升至有效边界附近。其余的滇桂黔片区等6个片区的效率值一直处于无效区间。

表7-2　连片特困地区低碳生产效率（农业部门）

片区	2000年	2005年	2010年
大别山片区	1	1	1
大兴安岭片区	1	1	1
滇桂黔片区	0.688047	0.68597	0.798756
滇西片区	0.818446	0.763347	0.770735
六盘山片区	0.820509	1	0.978127
吕梁山片区	1	1	1
罗霄山片区	1	1	1
秦巴山片区	0.764965	0.773434	0.7504
乌蒙山片区	0.700773	0.733912	0.847906
武陵山片区	0.718025	0.691793	0.694149
燕山太行山片区	0.676105	0.834475	0.795706

资料来源：根据基础数据计算得出。

总地来看，各个连片特困地区农业低碳生产效率具有较强的延续性，大别山片区、大兴安岭片区、吕梁山片区和罗霄山片区的效率值一致位于有效区间。六盘山片区在10年的发展历程中，其效率值基本达到生产可能性前沿。滇桂黔、乌蒙山和燕山太行山片区的效率值逐步向生产可能性边界靠近，而滇西、秦巴山和武陵山片区与其他片区的效率值相比，出现了效率退步，一直远离生产可能性前沿，存在较大的限制性因素影响低碳生产效率的提升。

投入和产出的无效贡献率反映出 7 个非效率片区的特征。六盘山片区和秦巴山片区，投入效率不足一直是导致生产效率低下的主要原因；降低投入规模，提高利用效率是生产率提升的重要途径。武陵山片区则正好相反，提升效率的重点应放在产出角度。其他 4 个片区，投入和产出分别在不同时间段成为生产率低下的主导因素。2000 年，滇西片区投入无效率贡献率达到 71.45%，随后投入和产出的无效率贡献率日益接近至 1∶1。2000—2005 年，滇桂黔和乌蒙山片区产出的无效率贡献率均较高；而至 2010 年，投入成为主要的无效率因素。燕山太行山片区则呈现出反复波动，2000 年产出的无效率贡献率超过了 95%，而五年内后则下降为 46.03%，2010 年又再次超过 50%。

继续分析投入和产出内部要素的无效率贡献率。如表 7－3 所示，在投入角度，在滇桂黔等 6 个片区，农地是最主要的无效率投入因素，约有 40% 的无效率贡献率来自于农地，农地利用效率不足，需要考虑缩减农地生产规模；但在不同片区，农业资源、耕作制度、内部产业结构等方面都存在巨大差异，不能仅以此作为农地经营规模调整的依据。燕山太行山片区的农地规模无需缩减，投资是唯一的无效率投入因素。在滇西、六盘山和秦巴山片区，投资也是仅次于农地的无效率投入因素；而在滇桂黔、乌蒙山和武陵山片区，资金利用效率较高。

表 7－3　非效率片区要素无效率贡献率分析（农业部门）　单位：%

片区（年份）	投入无效率贡献率	产出无效率贡献率	投资无效率贡献率	乡村从业人员无效率贡献率	农地无效率贡献率	碳排无效率贡献率	产值无效率贡献率
滇桂黔片区（2000）	43.96	56.04	3.82	0.00	40.13	37.25	18.79

续表

片区（年份）	投入无效率贡献率	产出无效率贡献率	投资无效率贡献率	乡村从业人员无效率贡献率	农地无效率贡献率	碳排无效率贡献率	产值无效率贡献率
滇桂黔片区（2005）	43.70	56.30	3.49	0.00	40.21	34.02%	22.29
滇桂黔片区（2010）	61.18	38.82	0.00	12.83	48.35	16.54	22.28
滇西片区（2000）	71.45	28.55	25.50	0.00	45.95	25.73	2.82
滇西片区（2005）	55.50	44.50	15.82	0.00	39.69	32.50	11.99
滇西片区（2010）	50.89	49.11	0.00	5.72	45.17	36.25	12.86
六盘山片区（2000）	75.16	24.84	30.53	8.02	36.61	0.00	24.84
六盘山片区（2010）	95.93	4.07	21.88	15.46	58.59	0.00	4.07
秦巴山片区（2000）	62.68	37.32	19.33	0.00	43.35	32.92	4.40
秦巴山片区（2005）	65.02	34.98	23.69	0.00	41.32	33.35	1.63
秦巴山片区（2010）	61.73	38.27	22.02	0.00	39.71	33.78	4.49
乌蒙山片区（2000）	35.79	64.21	0.00	0.76	35.03	29.14	35.07
乌蒙山片区（20050	35.50	64.50	0.00	14.55	20.95	26.19	38.31
乌蒙山片区（2010）	61.07	38.93	0.00	34.31	26.76	0.00	38.93
武陵山片区（2000）	49.51	50.49	10.40	0.00	39.11	47.42	3.07
武陵山片区（2005）	40.78	59.22	0.00	0.05	40.73	49.22	10.00
武陵山片区（2010）	45.32	54.68	0.00	9.64	35.68	44.08	10.60
燕山太行山片区（2000）	4.44	95.56	4.44	0.00	0.00	46.40	49.17
燕山太行山片区（2005）	53.97	46.03	53.97	0.00	0.00	23.96	22.08
燕山太行山片区（2010）	39.18	60.82	39.18	0.00	0.00	39.47	21.35

资料来源：根据基础数据计算得出。

2005年之前，劳动力并不是主要的无效率投入因素。但值得注意的是，劳动力的无效率贡献率在部分片区逐年快速增加，至2010年，除滇西、秦巴山和燕山太行山片区外，劳动力的无效率贡献率都接近或超过了10%；乌蒙山片区则从0.76%增长至34.31%，农业劳动力的配置效率问题开始集中显现。劳动力能够跨部门和跨区域配置，因而需要与非农产业部门和县域尺度的分析结果相结合，以判断劳动力规模的动态调整。

在产出角度，碳排放的无效率贡献率普遍要高于产值，控制农业碳排放成为了提高效率的首要任务。六盘山片区的产出无效率全部来自于产值不足，该片区低碳生产效率接近有效区间，产出无效率也不是主要因素，应将改进重点集中在提高投入效率。

7.3.2　非农部门

从农业部门相比，非农部门中的有效片区数量明显增多。如表7－4所示，2000年，除滇桂黔片区、滇西片区和六盘山片区之外，其余8个连片特困地区的效率值均达到了生产可能性边界。2005年，依然有8个片区为有效单位，非效率单位分别为大兴安岭片区、滇桂黔片区和滇西片区。2010年，有效片区进一步增加为9个，大别山片区基本达到生产可能性边界，仅有滇西片区远离生产可能性边界。

表7－4　　连片特困地区低碳生产效率（非农部门）

片区	2000年	2005年	2010年
大别山片区	1	1	0.999351
大兴安岭片区	1	0.827303	1
滇桂黔片区	0.75032	0.824695	1
滇西片区	0.917452	0.762305	0.806721

续表

片区	2000 年	2005 年	2010 年
六盘山片区	0.850614	1	1
吕梁山片区	1	1	1
罗霄山片区	1	1	1
秦巴山片区	1	1	1
乌蒙山片区	1	1	1
武陵山片区	1	1	1
燕山太行山片区	1	1	1

资料来源：根据基础数据计算得出。

总地来看，非农部门的经济效率和环境效率也保持了较强的延续性，吕梁山、罗霄山、秦巴山、乌蒙山、武陵山和燕山太行山等6个片区一直位于有效区间。大别山片区和大兴安岭片区的效率值出现了波动，但总体而言效率均值较高。而滇西片区则一直为非有效单位，非农产业低碳生产效率滞后于其他片区。

如表7-5所示，在滇西片区，投入是最主要的无效率因素，贡献率都达到或超过了70%。在滇桂黔片区，最主要的无效率因素是非农产业碳排放，贡献率超过了40%；滇西片区，非农产业碳排放的无效贡献率也逐年增长至30%。在以上两个片区，投资、劳动力、城镇和大型工业用地也是重要的无效率因素，需要从多个角度着手提升生产效率。

大别山、大兴安岭和六盘山片区在个别年份为非效率片区，主要原因是投入无效率，贡献率超过了80%；其中城镇和工业建设用地是主要的投入无效率因素，土地开发利用模式需要调整。

表7－5　非效率片区要素无效率贡献率分析（非农部门）

片区（年份）	投入无效率贡献率	产出无效率贡献率	投资无效率贡献率	单位从业人员无效率贡献率	乡村从业人员无效率贡献率	农村居民点无效率贡献率	城镇和工业用地无效率贡献率	非农碳排放无效率贡献率	非农产业产值无效率贡献率
滇桂黔片区（2000）	27.49%	72.51%	7.49%	0.00%	9.81%	0.00%	10.19%	44.59%	27.92%
滇桂黔片区（2005）	53.24%	46.76%	21.23%	0.00%	11.97%	0.00%	20.04%	40.10%	6.66%
滇西片区（2000）	87.76%	12.24%	35.99%	14.62%	14.98%	12.14%	10.03%	12.24%	0.00%
滇西片区（2005）	70.15%	29.85%	17.72%	18.27%	15.29%	0.00%	18.87%	29.85%	0.00%
滇西片区（2010）	69.65%	30.35%	10.27%	22.57%	16.69%	0.00%	20.11%	30.35%	0.00%
六盘山片区（2000）	81.95%	18.05%	21.56%	0.00%	3.20%	43.23%	13.96%	11.45%	6.60%
大兴安岭片区（2005）	82.57%	17.43%	0.24%	14.67%	0.00%	38.54%	29.11%	13.87%	3.56%
大别山片区（2010）	99.91%	0.09%	11.00%	3.71%	3.00%	60.13%	22.08%	0.09%	0.00%

资料来源：根据基础数据计算得出。

7.3.3　农业部门与非农部门的对比分析

在片区尺度下，非农部门的效率情况明显优于农业部门，无论是效率单位数，还是效率值，非农部门的分析结果都明显优于农业部门。

大别山、大兴安岭、吕梁山和罗霄山等四个片区，农业和非农部门均属于有效单位，低碳生产效率都居于连片特困地区的前列。

秦巴山、武陵山、乌蒙山、燕山太行山等四个片区，农业部门为非效率单位，而其非农产业的低碳生产效率相对有效。需要进一步分析不同产业的环境成本和扶贫效率，进行产业规划决策。

滇桂黔、滇西和六盘山片区的情况不容乐观。2000年，滇桂黔片区和六盘山片区的农业部门和非农部门都属于非效率单位；2005—2010年，两个片区的非农部门效率值得到提升后进入有效区间，但农业部门效率值依然滞后。其后续的发展潜力和产业政策同样需要进一步考察环境成本和扶贫效率，确定产业发展方向。无论是农业产业还是非农产业，滇西片区的效率值都一直处于无效区间，甚至在时序比较中，效率值还进一步降低，与其他连片特困地区的差距逐步扩大，其发展模式需要进行调整。

11个连片特困地区的相对效率值和无效率因素，能够从总体上反映出不同片区的发展状况。但是片区尺度的分析忽略了片区间的差异性，各片区经济社会发展和致贫因素各具特点，因而在低碳生产率分析基础上得出的松弛变量和改进规模对实际扶贫工作的指导意义也大打折扣。在同一片区内部，经济发展模式和自然资源禀赋更趋于近似，因而县域尺度的分析更能够为实际扶贫工作提供决策依据。

7.4 县域尺度分析

7.4.1 县域尺度与片区尺度的联合分析

在片区尺度比较的基础上，对各个片区内部进行县域尺度的生产效率分析。结合两个尺度的分析结果，能够更好地判定不同片区的特点。图7-1同时反映了片区尺度的生产效率和县域尺度的平均生产效率。以 2000 年农业部门为例，大别山片区的片区尺度和县域尺度的效率值较为接近，分别达到 1 和 0. 8908。

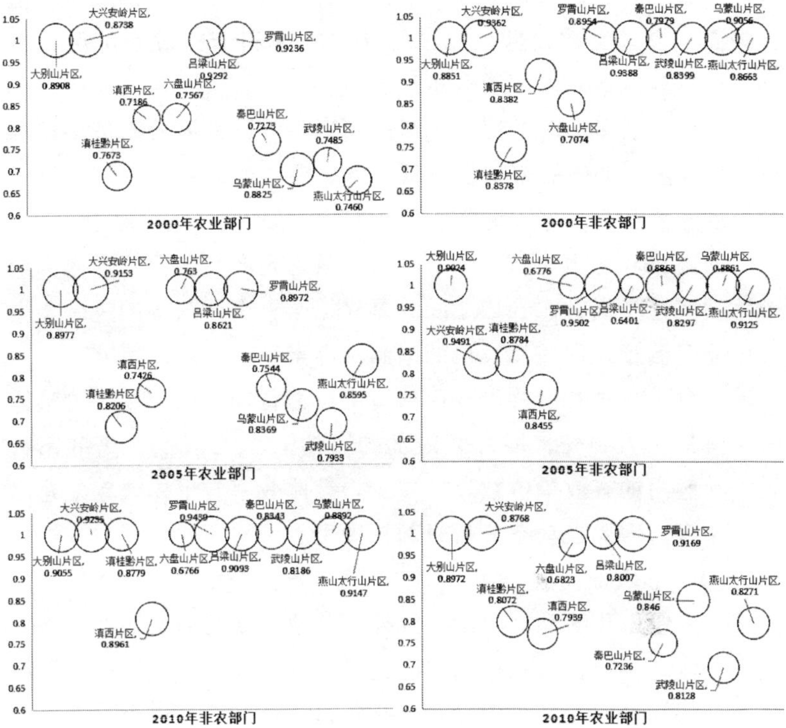

图 7－1　连片特困地区与县域尺度效率的联合分析（两部门）①

资料来源：根据基础数据计算得出。

（1）农业部门

大别山片区、大兴安岭片区、罗霄山片区整体效率领先，其

① 气泡大小代表县域单位效率均值，由对应数值表示；气泡位置代表片区尺度效率值，由纵轴数值表示。

片区内部的效率均值也较高，离散系数较低；片区整体效率与个体效率情况匹配。

乌蒙山片区的整体效率值不断提升，其内部单位的效率均值也较高，离散系数较低，片区的整体效率和个体效率情况也较好。滇桂黔片区也基本符合这一特点。

滇西片区和秦巴山片区的情况则不乐观，整体效率值小幅负增长，片区内个体效率均值较低，离散系数偏高；在片区整体效率滞后的情况下，内部差异明显，生产效率的全面提升难度较大。

武陵山和燕山太行山片区的整体效率也滞后，但片区内部的个体效率逐步提升，县域之间的差异缩小，个体效率的进一步提升可能受制于片区整体发展的限制性因素。

六盘山片区和吕梁山片区的情况较为特殊。两个片区的整体效率值都较为领先，但片区内部的个体效率均值低，离散系数大，片区内的有效单位数逐年减少。整体效率与个体效率变化出现了背离，需要在动态分析中剖析缘由。

（2）非农部门

除六盘山片区和吕梁山片区外，其他片区的内部个体效率发展情况较好，与整体效率基本匹配。六盘山片区非农部门的情况与农业部门类似。吕梁山片区整体效率一直领先，但个体效率均值出现了异常波动，2005 年的个体效率均值仅为 0.6401。以上两个片区在两个部门中都出现了不匹配情况，在研究和制定相关政策时应重视其内部县域差异。滇西片区的非农部门效率变化则呈现出另一种极端情况，滇西片区是唯一一个在各个“窗口期”整体效率值均未达到生产前沿的片区，但其内部效率均值较高，离散系数也较低，生产效率的外部差异大于内部差异，应着重解决整个片区的发展限制性因素；而其农业部门的个体效率发展欠佳，区域差异、县域差异、部门差异叠加，低碳发展困难重重。

7.4.2　县域尺度效率对比分析

如表 7-6 所示，从无效率的贡献率均值来看，农业部门产出的无效率贡献率要普遍高于投入。大部分片区产出无效率的贡献率高出投入 2 倍以上。大别山片区的投入产出效率相对较均衡，贡献率相差不到 10 个百分点；投入产出无效率贡献率差异悬殊的片区为滇桂黔片区和滇西片区，相差了约 40 个百分点。贫困地区的农业产业发展面临的最大问题还是产出，在农业产值规模快速增长存在难度的情况下，应聚焦于降低农业碳排放和促进农民增收。

表 7-6　连片特困地区投入、产出无效率贡献率分析（农业部门）

片区	2000 年		2005 年		2010 年	
	产出	投入	产出	投入	产出	投入
大别山片区	28.57%①	24.20%	36.48%	27.41%	34.50%	26.61%
大兴安岭片区	27.79%	5.55%	29.07%	15.38%	35.85%	8.59%
滇桂黔片区	58.78%	16.22%	50.04%	16.21%	55.53%	15.72%
滇西片区	62.72%	14.07%	62.28%	16.29%	52.96%	14.90%
六盘山片区	48.49%	23.64%	45.42%	28.35%	52.69%	22.72%
罗霄山片区	33.18%	5.95%	31.50%	16.33%	29.33%	14.15%
吕梁山片区	16.84%	8.16%	31.68%	18.32%	44.43%	15.57%
秦巴山片区	54.46%	21.54%	54.20%	23.14%	59.96%	21.37%
武陵山片区	55.12%	26.13%	55.59%	24.10%	49.29%	19.46%
乌蒙山片区	28.80%	13.31%	38.73%	19.16%	44.85%	23.57%
燕山太行山片区	49.07%	17.60%	29.78%	18.71%	40.04%	23.60%

资料来源：根据基础数据计算得出。

① 各县级单位投入、产出无效率均值。

如表 7 -7 所示，在非农产业部门，产出的无效率贡献率明显下降，部分片区已经低于投入的无效率贡献率。大部分片区的投入产出效率都呈现出相对较均衡的态势，但滇桂黔、滇西、秦巴山等片区呈现出“高—高”的均衡态势，投入和产出两方面的改进空间都较大。

投入与产出无效率贡献率的差异，说明非农产业与农业部门之间的投入产出效率存在结构性差异。在产出角度，非农产业的效率较高。在模型设置中，两部门模型的投入、产出指标是同质的；按照产值标准计算农业部门和非农部门的产出效率，农业部门明显处于劣势，也是农业发展困境的现实写照。

表 7 -7　连片特困地区投入、产出无效率贡献率分析（非农部门）

片区	2000 年		2005 年		2010 年	
	产出	投入	产出	投入	产出	投入
大别山片区	17.70%	26.74%	15.97%	34.03%	23.59%	18.08%
大兴安岭片区	12.07%	4.60%	10.14%	12.09%	13.87%	8.36%
滇桂黔片区	26.49%	22.20%	26.89%	19.16%	22.67%	26.01%
滇西片区	30.77%	21.96%	24.14%	26.77%	17.24%	20.94%
六盘山片区	39.28%	24.66%	43.45%	31.96%	44.20%	27.93%
罗霄山片区	17.60%	25.88%	10.44%	11.30%	10.31%	7.08%
吕梁山片区	12.34%	9.88%	39.54%	21.57%	13.78%	14.00%
秦巴山片区	30.59%	30.74%	20.59%	18.08%	30.17%	23.16%
武陵山片区	28.41%	16.90%	34.71%	21.54%	30.93%	23.76%
乌蒙山片区	17.53%	14.90%	17.53%	17.61%	17.96%	22.58%
燕山太行山片区	23.80%	15.59%	17.32%	25.11%	13.64%	13.64%

资料来源：根据基础数据计算得出。

第8章 效率提升 I：要素维度

8.1 投资

8.1.1 贫困地区投资现状

投资既是理论上破解贫困“低水平均衡陷阱”的主要途径，也是我国在很长一段时间内拉动经济增长的“三驾马车”之一，恰恰也是连片特困地区发展的主要限制因素之一。贫困地区产业基础薄弱，人均收入低，金融的自我造血功能薄弱，大量投资需依靠中央政府和省市政府的转移支付和扶贫专项资金。2000 年，全国基本建设投资为 13427 亿元，而连片特困地区仅为 598.63 亿元，为全国投资规模的 4.45%。2010 年，全国与连片特困地区的全社会固定资产投资分别为 217123.3

亿元和12774.8亿元[①]，连片特困地区的投资占比相较2000年仅上升了1.43%。投资不足一直是困扰连片特困地区发展的限制性因素；即使是在国家加大对贫困地区帮扶和投资力度的情况下，资金缺乏问题依然未得到有效缓解。

如表8-1所示，从时序比较来看，连片特困地区的固定资产投资在十年间有了大幅度的增长。按2000年[②]可比价格计算，2000—2005年11个连片特困地区投资平均增长了5.88倍，其中增长最快的罗霄山片区增速达到9.30倍，增速超过5倍的片区数达到9个。2005—2010年，固定资产投资平均增速为4.13倍，增长最快的吕梁山片区，增速高达7.13倍，所有片区均完成了200%以上的快速增长。在投资增速最快的吕梁山片区，2010年的全社会固定资产投资为2000年的41.73倍，明显高于其他片区。大别山、罗霄山、秦巴山、乌蒙山、燕山太行山等5个片区，相较2000年完成了20倍以上的固定资产投资；而大兴安岭、滇桂黔、滇西、六盘山、武陵山等5个片区的固定资产投资增速则明显滞后。

表8-1　连片特困地区投资潜在需求与实际增长　单位:%

片区	投资需求增长（农业部门）	投资需求增长（非农部门）	投资实际增长（两部门）
大别山片区	35.34	25.24	23.30
大兴安岭片区	19.06	17.19	18.16
滇桂黔片区	23.13	20.35	18.82

① 均为2000年不变价格，根据中国历年各省、市、区固定资产投资价格指数折算。

② 因县域固定资产投资数据缺失，2000年数据为基本建设投资数据；2005年、2010年为全社会固定资产投资数据。

续表

片区	投资需求增长（农业部门）	投资需求增长（非农部门）	投资实际增长（两部门）
滇西片区	21.86	15.81	16.58
六盘山片区	23.43	19.00	17.85
罗霄山片区	34.75	42.64	36.81
吕梁山片区	45.51	42.03	41.73
秦巴山片区	30.26	34.83	25.74
武陵山片区	38.44	20.13	16.85
乌蒙山片区	20.10	23.58	20.18
燕山太行山片区	44.90	31.96	26.93

资料来源：根据基础数据计算得出。

从效率角度衡量资金利用情况，分别测算农业部门和非农部门的低碳生产效率。在分部门计算中，部分县级单位存在“投资过剩”的情况，导致生产效率不足。但是由于数据可获得性的原因，投资总额分别纳入了两个部门的生产效率计算模型中，并未进行产业分类；因而需根据松弛变量进一步联合分析两部门在低碳生产率最优条件下的投资需求总额，以比较投资缺口或盈余。

若需贫困县市区两部门同时达到有效生产率，潜在投资需求大幅增长。2000—2010 年，农业部门的潜在投资需求平均增长了 30.62 倍，增长最快的吕梁山片区增长了 45.51 倍；而在非农产业部门，对资金的潜在需求增长速度稍低于农业部门，也达到了 26.61 倍。与之相比较，十年间全社会固定资产投资增速为 23.90 倍，尚不能同时满足两个部门的潜在投资需求。

如图 8－1 所示，同时考察农业部门和非农部门的潜在投资需求，与实际投资之间的缺口逐年放大，2000 年平均的缺口率为 35.45%，2005 年达到 39.64%，2010 年缺口率进一步扩张到了 45.56%。反映出资本稀缺确实成为制约低碳生产率提升的重要限制性因素。武陵山片区在所有片区中投资实际增长最慢，投资缺口增长最快，缺口率由 17.73% 快速增长至 46.66%。吕梁山片区的投资增长最快，但潜在投资需求的增长也位居前列，反映在缺口率上则是大幅度波动，2005 年缺口率仅为 12.11%，而 2000 年和 2010 年的缺口率都超过了 40%。相较于吕梁山片区的波动，大兴安岭片区和罗霄山片区则呈现出稳定，大兴安岭片区实际投资和投资需求都维持较低增长率，而罗霄山片区则都维持了较高增长率；两个片区的投资缺口也一直保持在超过 45% 的稳定状态。至 2010 年，11 个连片特困地区的投资缺口率基本趋同，投资需求缺口普遍在 40%—50%。

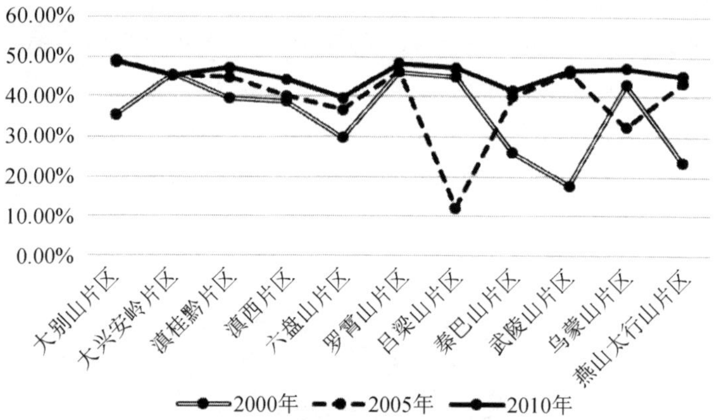

图 8-1 连片特困地区投资缺口

资料来源：根据基础数据计算得出。

8.1.2 碳汇资源价值分析

旺盛的投资需求和现实的资金缺口成为了阻碍贫困地区经济

社会发展和低碳生产率提升的巨大障碍。依靠贫困地区自身发展积累资金并不现实；资本存在天生的逐利性和流动性，依靠传统金融和融资渠道开展“输血”投资效果不佳，不仅难以有效聚集资金，还可能成为资金外流的渠道；依靠中央和各级政府的扶贫专项资金和转移支付是主要途径，但是以行政手段配置资源存在效率不足的先天问题。林毅夫（2005）对政府主导的扶贫模式进行了剖析，认为政府的过度主导以及扶贫贷款分配机制的缺陷是反贫困效率低下的重要原因，政府应在反贫困的对象、开发模式以及公众参与方面进行统筹安排，合理分配。

低碳金融在生态文明和低碳经济背景下衍生发展而来，为贫困地区吸引投资提供了新的思路和途径。新的融资方式和渠道并非完全另起炉灶，而应与当前的财政、金融扶贫政策紧密结合，与贫困地区的资源禀赋、资源特征和发展阶段相匹配，体现市场机制的作用，体现低碳发展导向，促进扶贫攻坚和生态文明建设目标的实现。碳汇资源和土地资源是贫困地区的优势资源；资源规模大，并且可再生循环利用。低碳金融可以通过多种方式的资源重组和金融创新，将贫困地区的碳汇资源与外部资金建立联系，将资源价值转化为资本和资金，促进可再生碳汇资源的保护和循环利用，提升低碳生产率，实现低碳发展。

（1）碳汇资源规模

在全球变暖和低碳减排的大背景下，碳汇资源成为了极其宝贵的生态资源；这一资源在生态领域发挥了重要的作用，不仅对维持县域尺度和片区尺度的生态平衡至关重要，还参与了国家尺度乃至全球尺度的碳循环。目前，碳汇资源的功能和价值尚主要体现在环境领域，由于不具备独占性和排他性，具有高度公共物品性质的宝贵资源难以通过市场机制实现价值。

如表 8－2 所示，根据“碳汇—碳排放”指标计算，所有的连片特困地区都存在大量的生态盈余，地处南方地区的8个片区拥有有近90%的生态余量空间；而地处北方的3个片区生态余量明显较低。随着经济社会的发展，碳汇资源余量有了明显的下降，下降最为明显的同样是北方地区，至2010年，大兴安岭片区和燕山太行山片区的生态余量仅为30%。尽管在可持续发展的研究中并未确定公认的NPP生态警戒线阈值，但是生态余量的快速下降必然对生态环境和碳循环产生负面影响。以HANPP研究中的阈值39%（华晓宾，2009）为参照，位于北方的大兴安岭片区和燕山太行山片区亟需改变发展模式。NPP碳汇资源余量的快速萎缩正是“PPE”困境的缩影，若无法对生态资源合理估价，逐步将社会发展的生态成本显性化，碳汇资源可能进一步的萎缩退化。

表8-2　　　连片特困地区碳汇资源余量

片区	2000年	2005年	2010年
大别山片区	84.03%	80.84%	72.12%
大兴安岭片区	62.27%	64.35%	32.47%
滇桂黔片区	98.25%	97.13%	96.44%
滇西片区	98.82%	96.54%	96.03%
六盘山片区	94.40%	94.54%	93.23%
罗霄山片区	93.63%	91.22%	87.90%
吕梁山片区	60.03%	42.40%	59.35%
秦巴山片区	94.06%	92.31%	87.68%
武陵山片区	94.67%	89.75%	85.97%
乌蒙山片区	94.12%	89.55%	86.08%
燕山太行山片区	75.00%	67.52%	31.58%

资料来源：根据基础数据计算得出。

根据固碳释氧价值模型，参考我国造林成本，固碳价格为 260.90 元/吨（任志远等，2004），计算得到碳汇资源的固碳价值，详见表 8-3。2000—2010 年，连片特困地区年均盈余的碳汇资源价值超过了 6000 万元，其中地处南方的 7 个片区占比超过了 92%，空间分布极为不均。NPP 总体生产规模基本保持稳定，碳排放规模逐年递增，使得碳汇资源的规模和固碳价值都大幅下降。

表 8-3　基于固碳释氧模型的碳汇资源固碳价值分析

片区	2000 年（万元）	2005 年（万元）	2010 年（万元）	固碳价值/投资缺口
大别山片区	3099660	3425067	3287598	0.43
大兴安岭片区	1707705	2744301	1852794	1.44
滇桂黔片区	10775053	9409246	8968867	1.86
滇西片区	15385995	14593424	14696916	4.96
六盘山片区	1050270	1668271	1976717	0.46
罗霄山片区	4244622	4056419	4000857	1.60
吕梁山片区	190361	221014	407790	0.36
秦巴山片区	14246208	14707365	14434207	1.78
武陵山片区	10178814	8804461	8675358	1.55
乌蒙山片区	4382389	4437267	3968430	1.32
燕山太行山片区	1320453	1517663	728384	0.37

资料来源：根据基础数据计算得出。

当前全球变暖的主要原因是发达国家和地区以往长期高强度碳排放的积累效应，而贫困欠发达地区在这一进程中不但经济社会发展受限，还源源不断地提供碳汇资源以维持生态平衡。考虑到碳排放问题的长期积累效应，也为体现对贫困地区的帮扶与补偿，应对以往已参与碳循环的碳汇资源进行补偿。以 2000—2010 年的碳汇盈余均值计算固碳价值，与投资缺口的均值相比较，大部分片区的碳汇资源固碳价值都足以弥补投资缺口，具备了通过资源资本化弥补投资缺口的基础。由于 NPP 生产力不足，六盘山、吕梁山和燕山太行山片区的碳汇资源量大部分用于平衡自身的碳排放量，盈余的固碳价值不足。大兴安岭片区也同样面临着 NPP 生产力不足的问题，但投资缺口规模相对较小，生态价值超过了投资缺口。大别山片区不存在 NPP 生产能力不足的问题，但因邻近我国经济社会最为发达的长江流域，大别山片区的发展程度相对较高，碳排放强度和规模也较高，碳汇盈余在南方片区中位列最次，而投资缺口却在 10 年间增长了近 40 倍，同样无法实现盈余固碳价值对投资缺口的补偿。

（2）碳汇资源价值、投资缺口与现实投资的差异

生态固碳价值以低碳减排为目标计算得出生态补偿理论值，但历年高达 6000 亿元的规模远远超过了我国各级财政专项扶贫资金的投入规模。2000—2010 年，中央财政安排的扶贫资金累计投入为 2043.8 亿元，理论价值与实际扶贫资金的差额明显。在理论价值规模和实际投资差距较大的情况下，可对固碳价值进行等比缩减，一种方案是根据生态学理论，在 NPP 基础之上进一步进行各片区内的碳汇效率核算；另一种方案是碳交易的价格，借鉴林业 CDM 项目的核算机制和碳价格；第三种方案，是根据目前业已实施的生态补偿标准进行调整，例如以退耕还林还草的补偿标准为依据重新核算碳汇价值。在不同的区域内，也可以采取差异化的资源定价政策。

碳汇资源价值在根据实际情况等比缩减后，一方面提高了可操作性，另一方面又不足以弥补效率改进所需的资金缺口。SBM 模型的设定中将投入和产出的无效率值最大化，也就对应了调整量的最大值，在效率改进的操作性上存在一定的问题；MinDS 采用了强有效前沿上距离最近的点作为投影点，改进了这一缺陷。

王玲（2014）对 MinDS 和 SBM 模型计算结果进行比较，排序相关系数超过了 0.9，因此，在无法达到最大最优调整值的情况下，可以根据排序情况比较资金稀缺程度。在经济资源的配置上，任何资源都是相对稀缺的，在当前的发展阶段，应引导贫困地区合理有效地提高资金配置效率，而非一味追求扶持资金的规模。核算生态价值的目的也正是着眼于提高扶贫资金对低碳发展和生态文明建设促进作用。以实际投资规模为基础，以碳汇资源规模和效率投资缺口为参照，合理、动态、差异化地确定资源定价不但没有改变碳汇资源价值化的目的，而且有助于提高操作性，促进目标的实现。

8.1.3 碳汇资源价值实现

（1）核算资源规模和定价

为体现碳汇资源资本化的补偿性和扶持性政策导向，核算碳汇规模的周期应与自然界碳循环长期性相匹配，时间间隔可设置为较长的时间段（5—10 年）。将存量指标与增量指标相结合，增量体现了生态平衡的改进程度。对于 NPP 生产能力不足，碳排放较高的北方片区，增量指标可设置较高的比重，引导贫困县市区努力提高资源利用效率，缓解生态压力。为避免因气候原因导致 NPP 生产力大幅波动对增量规模的影响，可以片区增量的均值或阶段性固定值作为基准。

按照固碳价值模型的价格标准计算，碳汇资源价值过高，可操作性受到影响。如表 8－4 所示，以退耕还林还草补贴标准为依据①，根据历年各地区林地草地的平均 NPP 生产能力，计算得

① 《退耕还林条例》补贴标准核算，南方地区为 105 元/亩，北方地区为 70 元/亩。秦巴山片区位于南北交界线，按南方片区标准处理。

出碳汇资源价格。相较于碳汇价值模型，基于NPP生产能力和退耕还林补贴的价格更具备操作性，平均价格为91.79元/吨。其次，退耕还林补贴和NPP生产力都体现了区域差异，在碳汇资源稀缺的北方贫困片区，资源价格明显高于南方地区，符合资源稀缺性与价格的逻辑关系。根据这一价格核算，年均存量碳汇资源价值约为1600亿元。

表8-4　基于NPP生产力和生态补贴的碳汇资源定价

片区	NPP（吨/公顷）（林地草地）	退耕还林还草补贴（元/公顷）	碳汇资源价格（元/吨）
大别山片区	27.04	1575	58.25
大兴安岭片区	9.51	1050	110.42
滇桂黔片区	22.16	1575	71.08
滇西片区	32.59	1575	48.33
六盘山片区	5.85	1050	179.35
罗霄山片区	34.89	1575	45.14
吕梁山片区	5.33	1050	197.13
秦巴山片区	29.40	1575	53.57
武陵山片区	25.22	1575	62.46
乌蒙山片区	17.44	1575	90.33
燕山太行山片区	11.21	1050	93.67

资料来源：根据基础数据计算得出。

（2）与现有扶贫措施相融合

在确定碳汇资源价值的基础上，需要确保足够的资金与其匹配，以保证碳汇资源价值有效实现。2015年安排给贫困地区的中央预算内投资超过1500亿元，约占全年中央预算内投资总规模的1/3①。资源存量价值与中央预算投资基本匹配，特定扶贫

① http://finance.people.com.cn/n/2015/1112/c1004-27807642.html.

资金的拨付可根据碳汇资源盈余在上个周期的存量和增量进行调整，保证资金拨付的低碳导向和环境效率。鼓励和试点基于碳汇资源价值实现的双边或多边对口帮扶。对口帮扶始于 1996 年，经过数十年的发展，已经形成了涉及 15 个省市和 11 个欠发达省、市、自治区的东西扶贫协作模式。发达地区的碳排放赤字与贫困地区的碳汇盈余都是碳循环的组成部分，将东西帮扶与碳汇资源保护相结合，既体现了对贫困地区的帮扶，同时也间接实现了碳汇资源的经济价值。

（3）逐步建立市场机制

进一步引导社会各类主体参与到碳汇资源价值交易的扶贫体系之中，在具体扶贫项目中核算碳汇盈余价值和碳排放赤字成本，逐步形成认证制度，对盈余项目或个人进行定量补贴，盈余碳汇资源可用于社会扶贫资金和资源的交换，将有条件的社会扶贫项目与碳汇资源资本化连接，形成可交易的扶贫碳汇资源交易市场。尤其是在与土地密切关联的森林资源保护、湿地资源保护、新型城镇化建设等方面，优先建立交易机制，既有利于高效率利用土地资源，又有利于精准扶贫的开展。

8.2　土地

土地是人类活动所必需的生产要素，相较于其他生产要素可以高度集中所不同，土地由于其自然属性，在空间上并不能压缩集中使用。其他生产要素不断向发达地区和城市地区聚集，土地资源在空间上不具备可移动性，贫困地区在土地的资源存量上具备绝对优势。但是，相较于发达地区的土地利用效率，贫困地区的土地利用现状在经济上是低效率的，这既是贫困的结果，也是贫困的原因之一；因而迫切需要提高土地资源的利用效率，充分发挥优势资源的经济潜力。

然而，从“社会—环境”子系统的角度来看，在传统的发展模式中，土地利用强度和经济效益的提升往往也意味着土地生态价值的流失。正因为如此，发达地区和贫困地区的土地利用强度差异在产生经济价值差异的同时，也产生了生态价值的差异。贫困地区拥有大量开发利用强度较低的土地资源，同时也拥有了大量的生态资源。

一方面，贫困地区的发展必然会逐步提高土地的生产率，若按照传统的发展模式，只注重土地利用的经济效率，而忽略了土地利用的环境效率，难以实现人和自然的和谐可持续发展。另一方面，传统经济发展模式已经遭遇发展瓶颈，库存压力、产业结构性失衡等都和传统土地开发模式存在较高的关联度。因而，连片特困地区在开发利用土地资源的过程中，必须做到速度和规模适度、经济效率和环境效率兼顾。

8.2.1　土地利用规模对生产效率的影响

(1) 农地利用无效贡献率

农地是农业生产最重要的要素，由于投入规模大，资源禀赋相对充裕，土地利用效率往往被忽视。在农业比较利益低下，单位面积收益不足的情况下，提高土地利用效率缺乏经济激励。部分地区大量青壮年农村劳动力外出务工，劳动力与土地资源的配置错位，土地撂荒现象并不罕见，土地的利用效率进一步走低。农业部门生产效率的分析结果表明，农地成为了无效贡献率最高的生产要素。如表 8 –5 所示，2000 年，在滇西等 5 个片区，农地的无效贡献率排在要素投入的第一位；2005—2010 年，农地的无效贡献率排在第一位的片区增加为 9 个。从片区间差异来看，大部分片区的农地无效率贡献率都超过了 10%，大兴安岭、滇桂黔、滇西、吕梁山和乌蒙山等片区的农地利用效率较好。在本书的研究设定中，因为统计口径原因存在高估农业投资和农业劳动力的规模，农地的实际无效率贡献率有可能更高。

表 8－5　　连片特困地区农业用地无效率贡献率

片区	2000 年	2005 年	2010 年
大别山片区	7.86%	22.63%	21.11%
大兴安岭片区	1.17%	6.92%	4.36%
滇桂黔片区	6.78%	9.37%	3.97%
滇西片区	8.01%	6.44%	7.50%
六盘山片区	17.45%	18.55%	10.09%
罗霄山片区	5.03%	9.10%	9.47%
吕梁山片区	2.88%	3.71%	5.97%
秦巴山片区	9.91%	12.39%	11.70%
武陵山片区	10.23%	14.46%	13.19%
乌蒙山片区	5.65%	7.36%	7.25%
燕山太行山片区	5.72%	15.35%	19.41%

资料来源：根据基础数据计算得出。

农地投入的无效率贡献率反映了农地利用效率对产业整体效率的影响程度，对于具体的规模调整，还需要进一步对改进率和改进规模进行分析。

（2）非农用地无效率贡献率

2000—2010 年，土地同样也一直是非农产业部门投入无效率贡献率最高的要素，客观反映了我国目前的发展阶段和发展模式的不足。非农部门的建设用地有别于农业用地，其经济收益远高于农业用地，因而受经济因素激励，非农建设用地规模具有自发的扩张趋势。一方面，可能因重视经济收益而忽视的环境因素；另一方面，也造成了投资过度、库存积压、建设规划超前等问题，导致土地的生产效率低下。如表 8-6 所示，效率分析的结果表明，这一现象不仅在发达地区存在，在贫困地区同样存在非农建设用地规模过大的问题。从区域差异看，在秦巴山、武陵山、乌蒙山、燕山太行山、滇桂黔等片区，城镇和其他建设用地的无效率贡献率要高于农民居民点用地，城镇和产业规划需要优化；而在大别山、大兴安岭、滇西和六盘山片区，农村居民点用地的效率低下是非农部门生产率不足的主要原因，需要在新农村建设中提高土地的利用效率。

表 8-6　连片特困地区非农用地无效率贡献率

片区	农村居民点			城镇和其他建设用地		
	2000 年	2005 年	2010 年	2000 年	2005 年	2010 年
大别山片区	12.37%	13.88%	5.45%	2.55%	6.33%	8.03%
大兴安岭片区	1.42%	4.63%	2.94%	1.17%	0.72%	2.61%
滇桂黔片区	5.15%	2.10%	6.51%	6.21%	8.26%	10.74%
滇西片区	9.27%	10.32%	10.20%	5.94%	8.77%	7.08%
六盘山片区	9.77%	13.78%	9.69%	4.26%	8.31%	7.46%
罗霄山片区	8.10%	5.18%	3.00%	9.62%	2.96%	2.91%
吕梁山片区	1.23%	6.67%	2.91%	2.97%	6.01%	6.54%
秦巴山片区	4.05%	2.27%	2.70%	12.14%	10.06%	10.59%
武陵山片区	2.34%	5.08%	4.46%	3.96%	6.82%	8.65%
乌蒙山片区	3.57%	3.41%	5.68%	5.94%	5.18%	9.74%
燕山太行山片区	1.91%	3.77%	3.22%	6.83%	8.17%	5.35%

资料来源：根据基础数据计算得出。

8.2.2　土地利用类型调整对碳汇资源的影响

无论是农业部门还是非农部门，土地无效率贡献率居高不下的现状反映出了贫困地区土地资源的认识和利用还需要大幅调整。在经济指标评价不能保证土地利用效率的情况下，补充生态和碳汇价值指标可能更为有效的约束土地“无效供给”，体现低碳发展的目标。

（1）农业用地碳汇价值

农业提供人类生产生活所必需的食物和原材料的同时，也发挥着重要的生态功能。农业用地是人类生产活动中对自然环境影响最小的产业之一，最能够体现人与自然的和谐相处。农作物生长过程中的光合作用，在陆域碳汇和碳循环中发挥着重要的作用。因而以 NPP 生产能力作为衡量农业用地碳汇价值的标准。

我国的连片特困地区地理跨度大，在不同土壤、光照、积温条件下，单位面积农业用地的 NPP 生产能力不同，因此，片区间存在较为明显的差异；而在片区内，空间范围缩小，NPP 生产能力相对较为接近。

如表 8 - 7 所示，根据地理上划分，大兴安岭、六盘山、吕梁山、燕山太行山四个片区地处我国北方，农业用地 NPP 生产能力明显低于大别山等南方片区。生产能力最低的吕梁山片区，每公顷的农业用地的 NPP 生产量仅为 1.17 吨，不仅低于维度更高的大兴安岭片区，也低于海拔更高的六盘山片区，可能受到当地降水、地形等自然条件的限制，碳汇能力受限。生产能力最强的片区是罗霄山片和滇西片区，具有较强的碳汇能力。农业用地 NPP 生产总量最大也位于南方片区，滇桂黔、滇西、秦巴山和武陵山片区的 NPP 生产总量都超过了 10000 万吨，有较为充裕的资源禀赋以平衡区域内的碳排放。在碳中和角度，农业碳排放强度和总量都远远低于 NPP 的生产能力。可见，农业能源消费碳排放对农业用地空间的碳循环影响轻微，应更加注意土地耕作方式等方面对土壤碳汇能力的影响。

表 8－7　连片特困地区农业用地碳排放与碳汇能力比较

片区	单位面积 NPP 生产能力（吨/公顷）	NPP 总生产能力（万吨）	单位面积碳排放（吨/公顷）	碳排放总量（万吨）
大别山片区	7.25	4004.56	0.27	168.48
大兴安岭片区	2.75	2359.13	0.10	95.37
滇桂黔片区	5.75	11256.04	0.15	288.16
滇西片区	8.65	15973.17	0.11	198.65
六盘山片区	1.36	2004.10	0.06	91.21
罗霄山片区	8.87	4445.29	0.18	91.04
吕梁山片区	1.17	404.94	0.25	89.24
秦巴山片区	7.77	16476.76	0.17	368.40
武陵山片区	6.60	10639.52	0.36	593.51
乌蒙山片区	4.70	4937.54	0.15	155.06
燕山太行山片区	2.52	2154.60	0.18	159.91

资料来源：根据基础数据计算得出。

（2）土地非农化转换的生态成本

如表 8－8 所示，由于土地 NPP 生产能力受空间分布影响很大，非农用地 NPP 生产能力的片区间差异与农业用地类似，呈现出“南高北低”的态势。由于规模远低于农业用地，非农用地 NPP 总生产量不足农业用地空间的 1%，也间接说明了农业用地巨大的生态价值。非农产业是能源消费在主体，高强度的碳排放也远远超过了土地碳汇补偿能力。非农产业空间存在大量的生态"熵"，需要农业用地空间的碳汇余量予以平衡。

2000—2010 年，按碳排放强度均值计算，11 个片区非农建设用地扩张所导致的碳排放增量达到 1691 万吨；参考农地的碳汇能力，需要新增 102.57 万公顷以平衡非农用地的碳排放增长。而实际情况中，非农建设用地扩展的同时，农业用地减少了 6.11 万公顷。非农建设用地扩张过程中产生了巨大的生态赤字，连片特困地区在加快经济社会发展的同时，需要严格控制非农建设用地的增长速度，降低碳排放强度；同时，保护农业用地面积，通过天然林保护、人工种植生态林等措施提高区域内的碳汇能力，减少碳排放对环境的影响。

表 8-8　连片特困地区非农用地碳排放与碳汇能力比较

片区	单位面积 NPP 生产能力（吨/公顷）	NPP 总生产能力（万吨）	单位面积碳排放（吨/公顷）	碳排放总量（万吨）
大别山片区	7.48	338.33	55.85	3209.95
大兴安岭片区	2.75	59.31	25.31	663.97
滇桂黔片区	3.98	30.55	370.97	3502.21
滇西片区	5.48	25.35	246.96	1467.81
六盘山片区	1.17	26.51	54.01	1388.83
罗霄山片区	5.09	20.00	129.67	587.53
吕梁山片区	0.94	1.26	221.87	335.66
秦巴山片区	5.55	70.26	313.18	4928.28
武陵山片区	5.26	29.04	467.11	3231.60
乌蒙山片区	4.19	8.14	603.60	1519.01
燕山太行山片区	1.70	28.15	132.67	2755.17

资料来源：根据基础数据计算得出。

8.2.3 土地利用规模调整的碳汇价值

(1) 农地利用类型调整的碳汇价值

第7章的低碳生产率分析结果表明，各个片区的农业部门中，都需要不同程度的缩减农地规模。在建设用地效率同样需要提升的情况下，农地规模的缩减并不等于增加非农建设用地的规模，因而生产性农地最主要的转化方向应该是人类活动逐步退出，其中最为常见的是退耕还林还草。2014年我国启动了新一轮的退耕还林还草工程，是建设生态文明、实现美丽中国、维护国家长治久安的战略举措。在碳汇角度，林地草地最大限度地避免了人类活动对碳循环的影响，往往具有更高的碳汇效率。比较不同贫困片区林地草地与耕地的NPP生产能力，林地草地的NPP生产能力平均高出30%以上；在NPP生产能力较弱的六盘山、吕梁山、燕山太行山片区，林地和草地单位面积的NPP产量超过耕地77.19%，碳汇效应显著。如表8-9所示，按均值计算，通过退耕还林还草，连片特困地区年均可实现NPP增产3083万吨，可创造碳汇价值25.36亿元。由此产生的碳汇资源价值，既可纳入退耕还林还草专项资金的补助范畴，也可纳入扶贫资金生态效率考量的范畴，并可借鉴成熟的CDM机制，进行多渠道的市场化交易试点。

表8-9　　农地利用规模调整的碳汇价值

片区	NPP生产力差异（吨/公顷）	碳汇规模（吨）	碳汇价值（万元）
大别山片区	0.11	177074	1031.48
滇桂黔片区	1.43	4671768	33205.71
滇西片区	1.42	5496436	26563.08

续表

片区	NPP 生产力差异（吨/公顷）	碳汇规模（吨）	碳汇价值（万元）
六盘山片区	0.61	4788673	85883.46
罗霄山片区	3.36	1710604	7721.90
吕梁山片区	0.66	170529	3361.63
秦巴山片区	0.78	4816567	25803.04
武陵山片区	1.23	4553975	28444.53
乌蒙山片区	0.19	257364	2324.69
燕山太行山片区	1.42	4195555	39298.67

资料来源：根据基础数据计算得出。

（2）城镇化建设与农村居民点规模调整的碳汇价值

根据国家新型城镇化规划的精神，其终极目标是消除城乡二元结构的体制机制障碍，推进城乡要素平等交换和公共资源均衡配置，推进城乡规划、基础设施和公共服务一体化①。因而人口向城镇的过度集中和城镇建设用地规模的盲目扩张并不是城镇化的目标和初衷。城镇建设用地不仅碳排放强度高，在碳汇方面也处于劣势。比较城镇用地和农村居民点用地的 NPP 生产能力，后者的生产能力普遍高出 20% 以上，大别山和大兴安岭片区更是高出了 80%，意味着脱离“新型农村社区”的城镇化模式将承担更高的生态成本。

同样，新型城镇化和新型农村建设也并不意味着农民居民点用地的盲目扩张；生产效率计算结果显示农村居民点的用地规模同样需要缩减以提升效率。如表 8－10 所示，根据各片区农村居民点用地的 NPP 生产力计算，需缩减的用地面积年均产量为 217

① http：//news. xinhuanet. com/house/fz/2015－07－06/c_1115825347. htm.

万吨，碳汇资源价值1.52亿元。新型农村社区既不同于传统的行政村，也有别于城市社区，它是由一个较大的行政村建设而成的，或由若干行政村组合起来，统一规划、统一布局、统一建设而成的。在推进的过程中必然涉及土地权属的变化，当前的补偿和激励政策大多建立在固定的土地权属关系上，但土地的不可移动性使得一次性的补偿和激励难以合理定价，也无法形成有效率的市场价格，导致了诸多社会矛盾；重庆2008年开始试点的“地票”不失为价值化和证券化的有益尝试。在衡量农村建设用地碳汇价值的基础上，可通过碳汇价值实现和市场交易机制，尝试在新型城镇化建设中，将土地价值生态化、价值化、证券化，赋予原土地产权所有者、承包者、经营者长期的稳定的收益；既体现新型城镇化建设中的低碳发展导向，又体现利益共享的包容性发展导向。

表8-10　城镇化建设与农村居民点规模调整的碳汇价值

片区	城乡建设用地 NPP 生产力差异（%）	农村居民点规模缩减碳汇规模（吨）	农村居民点规模缩减碳汇价值（万元）
大别山片区	179.60	1435410.04	8361.43
大兴安岭片区	180.57	58019.47	640.63
滇桂黔片区	135.95	129064.77	917.36
滇西片区	127.46	105572.65	510.21
六盘山片区	109.65	156746.88	2811.21
罗霄山片区	143.29	28131.95	126.99
吕梁山片区	126.43	2919.03	57.54
秦巴山片区	118.27	139464.06	747.13
武陵山片区	122.41	48769.97	304.62
乌蒙山片区	148.37	30407.16	274.66
燕山太行山片区	121.78	43029.45	403.05

资料来源：根据基础数据计算得出。

8.3　劳动力

人口分布同时受到环境因素与经济因素的影响，前者代表自然资源禀赋的约束，后者代表产业发展和收入水平对人口分布的约束。在自然资源禀赋不足的条件下，人口空间分布应尽可能远离生态脆弱地区，避免人类活动对生态环境的影响；由此引起的人口迁移可以定义为生态迁移或环境迁移。生态迁移规模往往较大，所产生的环境收益又具有公共物品的性质，需要政府发挥统筹协调作用，在贫困地区尤为如此。另一个维度上，经济迁移主要受产业发展程度和个人收入水平的影响，所产生经济收益大部分由个体占有和支配，并且以自发行为为主，政府可通过调整宏观经济政策和产业政策，使市场机制主导劳动力的资源配置。现实当中，两种类型的人口迁移往往存在重合现象。

8.3.1　经济迁移

贫困地区产业发展受限，人民生活水平提升缓慢，大量适龄劳动力通过外出务工、经商提高收入水平。在我国现行的户籍管理制度下，绝大部分外出人员户籍依然保留在原登记地。因而常住人口和户籍人口的差异能够看到人口迁移的方向和规模，2010 年人口普查数据表明人口净流入最多的省份主要为上海、北京、广东、浙江等东部发达地区，人口净流出最多省份为贵州、安徽、四川、河南等西部欠发达地区。可见，户籍人口和常住人口之间的差额能够很好地反映经济迁移的现实状况。

我国的县域人口统计数据通常按户籍人口统计，未能反映经济迁移的规模。2000 年和 2010 年人口普查提供了准确的常住和户籍人口数据，连片特困地区存在较为明显的自发经济迁移现象。如表8-11所示，仅有2000年的滇西片区，存在常住人口多余户籍人口的现象；在其他片区，两次普查的常住人口均少于户籍人口。2010年，户籍人口和常住人口的缺口达到3476.27万人，占到全部片区户籍登记人口的15.17%；除大兴安岭片区、滇西片区和罗霄山片区之外，其余8个片区的缺口都超过了10%，占比最高的大别山片区高达24.06%，缺口为863.99万人，自发经济迁移的规模很大；而规模最小的滇西片区，缺口仅为18.46万人，缺口占比仅为1.20%，仅为大别山片区自发移民规模的2.14%。大别山片区距离东部地区的时空距离最短，而滇西片区则地处西南边陲，可见，时空距离对经济迁移的规模有重要影响。从发展趋势看，2010年连片特困地区的人口净流出规模比2000年增加了176.24%，规模持续增加的经济迁移在缓解贫困状况的同时，也可能造成劳动力过度流失，对贫困地区的可持续发展产生负面影响。

表8-11　连片特困地区户籍人口与常住人口差异　单位：人

片区	常住人口(2000年)	常住人口(2010年)	户籍人口(2000年)	户籍人口(2010年)	人口差异(2000年)	人口差异(2010年)
大别山片区	30136186	27271804	33087182	35911718	-2950996	-8639914
大兴安岭片区	6533175	6595860	7058241	7075869	-525066	-480009
滇桂黔片区	24566205	23730074	26422692	28797206	-1856487	-5067132
滇西片区	14637265	15141953	14403940	15326593	233325	-184640
六盘山片区	19320826	20265316	20099073	22980956	-778247	-2715640
罗霄山片区	9196396	10275406	9953709	11262402	-757313	-986996
吕梁山片区	3514372	3405255	3756565	4035537	-242193	-630282
秦巴山片区	31799176	30173627	33625715	35597753	-1826539	-5424126
武陵山片区	29860768	28429764	31761273	34127462	-1900505	-5697698
乌蒙山片区	18403875	19261431	19662514	23081684	-1258639	-3820253
燕山太行山片区	9747512	9814897	10468964	10930946	-721452	-1116049

资料来源：根据基础数据计算得出。

8.3.2　生态迁移

“十三五”期间，我国将启动涉及 1000 万贫困人口的易地搬迁脱贫工程，生态迁移是其中的重要组成部门。生态迁移一方面可以减轻人类活动对原本脆弱的生态环境的影响，使生态系统得以恢复和重建；另一方面实现贫困人口异地安置，有效提升扶贫效率，减少脱贫过程中对环境的冲击。有别于经济迁移，生态迁移往往以政府主导为主。导致生态迁移的因素有很多，水资源稀缺、土地资源退化、生物多样性保护等都是启动生态迁移的原因。已有很多研究论证了人口规模和碳排放之间的正向关系，人均碳排放已经成为一个常用环境指标，因而人均碳汇资源禀赋对一个地区的碳平衡有着重要意义，有必要以此为出发点分析生态迁移。

在“人口—社会—环境”系统的耦合分析中，人均碳汇资源禀赋代表了“人口—环境”子系统的状态，大量县市区的发展指数偏低，最终导致了系统耦合协调度失衡。因此，以“人口—社会—环境”系统失衡的临界点（0.5）和“人口—环境”子系统发展指数的均值（0.5）为基准，对各个片区内的县级单位进行类型划分，核算生态迁移的规模。

如图 8 - 2 所示。

类型 1：系统处于协调发展状态，系统优化无需进行生态迁移。

类型 2：系统处于协调发展状况，人均碳汇资源禀赋不足，但生态迁移并非必需。

类型 3：系统处于失衡状态，人均碳汇资源禀赋不足，通过生态迁移缓解环境压力能够缓解系统的失衡状况。

类型 4：系统处于失衡状况，但人均碳汇资源禀赋充足，

“人口—环境”子系统状况并非整个系统的主要矛盾，生态迁移并非必需。

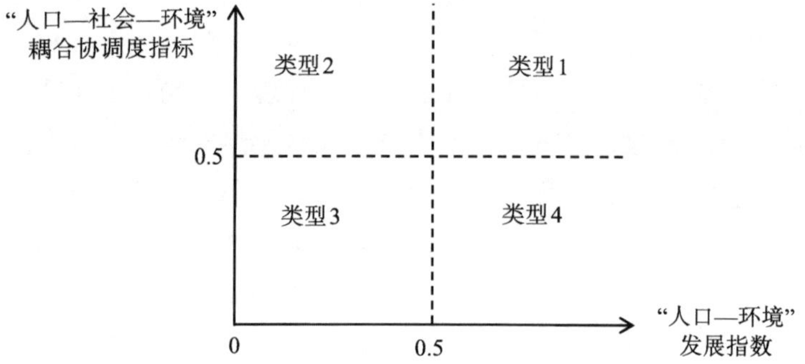

图 8-2　生态迁移与“人口—社会—环境”系统状态变化的关系

为了估算生态迁移的规模，需要确定有实际意义的阈值。对人均碳汇资源禀赋的评价缺少绝对值的阈值；考虑相对值，若以“人口—环境”子系统发展指数均值（0.5）作为阈值，意味着为生态迁移的目标是从类型 3 向类型 1 或类型 4 转化。若以“人口—社会—环境”系统耦合协调度（0.5）为阈值，表示生态迁移的目标是从类型 3 向类型 1 或类型 2 转变。显然，若采用前者作为阈值，生态迁移存在“无效”和“过度”的可能。生态迁移的目的在于通过缓解“人口—环境”压力，促进“人口—社会—环境”系统的协调发展。因此，采用耦合协调度作为阈值更有意义。

将 11 个连片特困地区类型 4 的县级单位数据汇总，以耦合协调度阈值为目标值，通过模拟分析、反函数、非线性内点法求解，计算目标人口规模，常住人口与目标人口之间的差值即为移民规模。

如表 8-12 所示，11 个片区中，需承担生态迁移任务的县市区共有45个[①]。从移民规模上来看，大别山、秦巴山、武陵山和乌蒙山片区任务艰巨，被纳入生态迁移范畴的人口达到百万之众。与现有常住人口比较，秦巴山片区和武陵山片区不仅移民规模大，而且涉及面广，生态迁移的任务更为严峻。大兴安岭片区、燕山太行山片区实现移民目标的难度较小。大别山片区尽管移民规模大，但分散在10个县市区，移民占比也最低，降低了生态迁移的难度。而滇桂黔片区，尽管绝对规模最小，但需对普定县27.21%的常住人口进行异地安置，需要省、市政府的协调和帮扶。由于生态迁移规模的测算是基于耦合协调度的阈值，因而移民规模、比例与耦合协调度的提升密切相关，相关系数达到0.83。在常住人口减少之后，所有失衡县市区耦合协调度普遍提升了20%以上，均达到了“人口—社会—环境”协调发展的水平。

表8-12 各片区生态迁移规模估算及耦合协调度变化情况

片区	县市区数（个）	迁移规模（人）	常住人口（人）	移民比例（%）	耦合协调度（均值）	耦合协调度提升（%）
大别山片区	10	1196052	9163198	13.05	0.4517	111.49
大兴安岭片区	5	317119	2077030	15.27	0.4301	123.64
滇桂黔片区	1	102971	378452	27.21	0.3894	128.40
滇西片区	6	640137	2899444	22.08	0.3938	135.98
吕梁山片区	5	464479	1512675	30.71	0.4100	126.06
秦巴山片区	4	1065777	3312087	32.18	0.3983	127.64
武陵山片区	5	1595167	4276316	37.30	0.3698	141.32
乌蒙山片区	4	963152	3575677	26.94	0.4026	125.77
燕山太行山片区	5	275059	1476963	18.62	0.4007	144.04

资料来源：根据基础数据计算得出。

① 根据2010年人口普查数据。

8.3.3 经济迁移与生态迁移的交互效应

(1) 经济迁移的生态效应

在生态压力较大的贫困地区，经济迁移尽管不以改善生态压力为初始目标，但客观上缓解了当地的“人口—环境”子系统的紧张状态。如表8-13所示，相对于户籍人口数，若按常住人口统计，人均碳汇资源禀赋的指标（人口/NPP）在2000年下降了6%，而2010年降幅为13%。相当于在人口规模的情况下，2000年增加NPP生产17301万吨，达到了片区平均规模的70%；2010年，这一规模达到50270万吨，已经超越了绝大多数片区实际的NPP产量，是片区平均NPP规模的1.96倍；可见，经济迁移的生态效应也十分显著。“人口—环境”关系最为紧张的大别山片区，经济迁移规模也最大，指标值下降24.06%，从而有效地缓解了人均碳汇资源禀赋不足的问题。大兴安岭片区和滇西片区的人均碳汇资源禀赋较为充裕，经济迁移规模较小，人均资源禀赋未有效提升；其余片区的指标值均降低了10个百分点。

表8-13　不同人口统计口径下“人口—环境”子系统的状态变化

片区	2000年		2010年	
	常住人口/NPP	户籍人口/NPP	常住人口/NPP	户籍人口/NPP
大别山片区	0.7815	0.8581	0.5723	0.7536
大兴安岭片区	0.3274	0.3538	0.2835	0.3042
滇桂黔片区	0.2044	0.2199	0.2168	0.2631
滇西片区	0.0899	0.0885	0.0947	0.0958
六盘山片区	1.3926	1.4487	0.7789	0.8832
罗霄山片区	0.2022	0.2189	0.2321	0.2544

续表

片区	2000 年		2010 年	
	常住人口/NPP	户籍人口/NPP	常住人口/NPP	户籍人口/NPP
吕梁山片区	1.2699	1.3575	0.5652	0.6698
秦巴山片区	0.2009	0.2124	0.1753	0.2069
武陵山片区	0.2657	0.2826	0.2695	0.3235
乌蒙山片区	0.3781	0.4040	0.3997	0.4789
燕山太行山片区	0.5296	0.5688	0.4071	0.4534

资料来源：根据基础数据计算得出。

（2）生态迁移的经济效应

生态迁移在缓解了环境压力的同时，也对“人口—社会”子系统产生了影响，人均 GDP 指标上升。因而，系统耦合协调度的提升并不仅仅来自于人口环境压力的下降，也来自于“人口—社会”发展指标的提升，充分体现了子系统之间的联动状态。孤立考虑“人口—环境”指标很可能高估生态迁移的规模，从而产生“过度”迁移的情况，不但提高了生态迁移的成本，还可能因劳动力的过度流失对“人口—社会”子系统产生负面影响。

如表 8－14 所示，从两个子系统的指标改进率来看，“人口—环境”指标的改进率要普遍低于“人口—社会”指标，差异最大的是秦巴山和武陵山片区，“GDP/人口”提升了 60% 以上，超过“人口/NPP”改进率近一倍。以改善人口环境压力为目的的生态迁移却在“人口—社会”子系统中起到了更为明显的作用。这其中的原因和指标比值设定关系有关，也与 NPP 和 GDP 的绝对规模大小有关；同时也说明，在贫困地区各个子系统的发展中，“人口—社会”子系统最为活跃，敏感度高，其状态较易于调整；也印证在耦合关系中，“人口—社会”子系统的发展状态对调和系统耦合协调度的重要影响，低碳发展中首要任务依然是聚焦于如何实现产业的低碳发展。

表 8-14　人口规模变化的生态效应和经济效应①

片区	县数（个）	“人口/NPP”改进率（%）	“GDP/人口”改进率（%）
大别山片区	10	11.82	14.03
大兴安岭片区	5	15.97	21.72
滇桂黔片区	1	27.21	37.38
滇西片区	6	18.50	25.12
吕梁山片区	5	24.38	38.64
秦巴山片区	4	36.09	63.46
武陵山片区	5	35.56	65.76
乌蒙山片区	4	23.85	33.29
燕山太行山片区	5	18.14	26.07

资料来源：根据基础数据计算得出。

8.3.4　低碳生产效率约束下的劳动力规模调整

从业人员代表了人口中生产力最高的部分，从业人员的效率不但体现在经济社会发展程度上，也表现在收入水平上，从而决定着贫困状态。“农民增收困难”“农村剩余劳动力”“外出务工人员”等问题都可以视为一个地区劳动力规模、效率、收入问题的具体体现。

DEA 分析结果中的松弛变量反映出农业部门和非农部门的劳动力配置效率。如表 8-15 所示，对于单位从业人员，各片区

① 基于 2010 年县域人口普查数据计算。

普遍存在“超额”配置的现象，需要缩减了规模以提高技术效率。大兴安岭片区和罗霄山片区的单位从业人员规模接近了效率值，需调整的比率和规模都不大。大别山、滇西等四个片区的调整比例不大，但调整规模仍涉及数万人；调整比例稍大的吕梁山和燕山太行山片区也可划入此类。滇桂黔、六盘山和武陵山片区需要缩减数十万人的人员规模才能达到效率值，“超额”配置对效率的影响较为严重。单位从业人员的统计口径并未涵盖私营单位从业人员，存在规模低估的可能性。因此，可以认为贫困地区非农部门的城镇从业人员存在普遍的过剩情况。在贫困地区，私营部门发育不足，大部门单位从业人员集中在机关、事业单位、国有和集体所有制企业，劳动力资源再配置的难度很大，需要从政府职能转变、事业单位分类改革，或鼓励自主创业等角度优化资源配置，提高劳动生产率。

乡村从业人员的分布横跨了两个部门，情况较为复杂。在分部门分析中，各个片区各部门的劳动力规模也同样需要缩减，但缩减规模不大，两个部门都能吸纳绝大部分的劳动力。因而，将两个部门联合考察时，乡村劳动力的效率规模超过了实际的从业人员总数，呈现出供给不足的状态，普遍的缺口率在 40%—50%。出现这一情况，一方面，是受数据所限，模型变量的选择所致。另一方面，乡村从业人员中确实存在大量兼业情况，第二次农业普查结果显示，纯农户的比例为 75.3%，劳动力规模大于从业人数也存在合理性。

但总体而言，研究结果并未支持贫困地区劳动力大量剩余的观点。蔡昉（2013）等学者的研究也认为，从 2010 年我国劳动年龄人口呈现绝对减少的趋势，人口红利开始消失，经济增长效率下降。刘钧等（2015）学者对农业剩余劳动力供给是否达到“刘易斯拐点”提出了不同的观点。但农业劳动力的“无限供给”消失已成为共识。贫困地区已有大量农村劳动力通过自发的经济迁移实现了异地从业，在人口规模增长放慢和人口经济迁移规模增长的情况下，乡村劳动力不足逐渐成为连片特困地区生产率提升的限制性因素。在城镇化进程推进的过程中，城乡劳动力资源优化配置和效率提升仍有空间。

表 8－15　　连片特困地区劳动力潜在调整规模

片区	单位从业人员规模改进率	乡村劳动力吸纳率（农业部门）	乡村劳动力吸纳率（非农部门）	乡村劳动力缺口
大别山片区	-3.28%	96.06%	94.91%	47.64%
大兴安岭片区	-0.36%	99.73%	97.15%	49.21%
滇桂黔片区	-12.28%	81.91%	86.22%	40.52%
滇西片区	-4.70%	99.11%	97.19%	49.06%
六盘山片区	-23.62%	66.35%	72.22%	27.84%
罗霄山片区	-1.33%	98.91%	98.87%	49.44%
吕梁山片区	-11.87%	81.66%	94.80%	43.33%
秦巴山片区	-6.25%	92.89%	86.59%	44.28%
武陵山片区	-22.87%	91.82%	80.38%	41.93%
乌蒙山片区	-2.76%	81.31%	89.72%	41.53%
燕山太行山片区	-10.70%	90.93%	93.55%	45.79%

资料来源：根据基础数据计算得出。

第9章

效率提升 II：技术维度

“科学技术是第一生产力”，有别于劳动力、资本和土地等传统的生产要素，技术被认为是无形的生产要素，却在经济社会发展中起着关键作用。在传统的经济发展模式中，资本、土地、劳动力要素的投入规模不断增长，经济规模随之不断扩张，但经济发展的质量并未得到应有的重视。在经济新常态下，全要素生产率是新常态下唯一可持续的增长动力，可以让经济增长实现有质量的速度。全要素生产率由资源重新配置效率和微观生产效率两部分构成，它更多是技术进步、组织管理改善等无形要素发挥作用产生的增长①。

① 中国社会科学院副院长蔡昉接受《人民日报》记者采访，2015 年 3 月 23 日。

9.1 全要素生产率变化与分解

利用DEA－Malmquist方法进行全要素生产率指数分析，能够对多个“窗口期”的生产率变动情况进行分析，并对技术效率和技术进步在生产率变化中的作用进行分解。根据Färe R等（1992）的分解方法，Malmquist指数可以分解为两个方面的变化，一是评价生产决策单位在两个时期内技术效率的变化（Technical Efficiency Change，EC），代表了从基期到报告期，生产决策单位的生产率向有效生产前沿面的追赶程度；二是生产技术进/退步[①]（Technological Change，TC），代表了从基期到报告期技术边界生产前沿的移动。

9.1.1 全要素生产率的变化情况

如表9－1所示，在农业部门，2000—2010年，连片特困地区低碳全要素生产率均有了显著的增长，平均增长了44%；滇桂黔片区等5个片区的增长率超过了50%；增长最快的燕山太行山片区在十年间完成了77.41%的增长。在基期（2000年）属于有效单位的大别山、大兴安岭、吕梁山、罗霄山四个片区，全要素生产率的平均增长为32.84%；而滇桂黔片区等7个非有效片区的平均增长率为50.60%。但并非所有“落后”片区都处于良好的发展态势中，乌蒙山片区的低碳全要素生产率增长率仅为20.44%，位列最末；因而以2000年为“参考集”测算各片

① 为与“单位产值碳强度”所表示的技术水平变化有所区别，TC的变化称为技术进步或退步。

区的生产率，乌蒙山片区成为是唯一非效率单位。

表 9－1　连片特困地区全要素生产率变化（农业部门）

片区	Efficiency Change (2000 TO 2010)	Technological Change (2000 TO 2010)	Malmquist Index (2000 TO 2010)
大别山片区	1. 0000	1. 3112	1. 3112
大兴安岭片区	1. 0000	1. 2881	1. 2881
滇桂黔片区	1. 1609	1. 3482	1. 5651
滇西片区	0. 9417	1. 5360	1. 4465
六盘山片区	1. 1921	1. 1082	1. 3211
吕梁山片区	1. 0000	1. 5397	1. 5397
罗霄山片区	1. 0000	1. 1743	1. 1743
秦巴山片区	0. 9810	1. 6473	1. 6160
乌蒙山片区	1. 2100	0. 9954	1. 2044
武陵山片区	0. 9667	1. 6705	1. 6150
燕山太行山片区	1. 1769	1. 5074	1. 7741

资料来源：根据基础数据计算得出。

如表 9－2 所示，在非农产业部门，全要素生产率呈现出更快的增长趋势。增长最快的滇桂黔片区，增长了 101. 53%；增长最慢的大别山片区也完成了 46. 81% 的增长，11 个片区的平均增长率为 60. 60%。2000 年仅有滇桂黔、滇西和六盘山片区为非效率单位；滇西片区的全要素生产率增长低于平均水平；至 2010 年，依然为非效率片区。

表 9－2　连片特困地区全要素生产率变化（非农部门）

片区	Efficiency Change (2000 TO 2010)	Technological Change (2000 TO 2010)	Malmquist Index (2000 TO 2010)
大别山片区	0. 9994	1. 4691	1. 4681

续表

片区	Efficiency Change (2000 TO 2010)	Technological Change (2000 TO 2010)	Malmquist Index (2000 TO 2010)
大兴安岭片区	1.0000	1.5597	1.5597
滇桂黔片区	1.3328	1.5121	2.0153
滇西片区	0.8793	1.7387	1.5289
六盘山片区	1.1756	1.4270	1.6777
吕梁山片区	1.0000	1.6930	1.6930
罗霄山片区	1.0000	1.5218	1.5218
秦巴山片区	1.0000	1.5465	1.5465
乌蒙山片区	1.0000	1.5660	1.5660
武陵山片区	1.0000	1.5751	1.5751
燕山太行山片区	1.0000	1.5140	1.5140

资料来源：根据基础数据计算得出。

9.1.2 技术效率改善与技术进步

如表9-1所示，在农业部门，连片特困地区从2000—2010年低碳全要素生产率的增长主要来自于技术进步，平均技术进步率为37.51%；以2000年为基期，基期有效片区的技术进步率与生产率增长保持一致，平均增速为32.84%；基期非有效片区的技术进步率达到40.19%。乌蒙山片区出现了技术“退步”，也造成其生产率增长受限的主要原因。在技术进步保持较好发展态势的同时，技术效率的变化则并不乐观，技术“非效率”状态频繁出现。大别山等四个片区的生产率一直位于有效区间，因而技术效率无变化，全要素生产率的增长完全依靠技术进步。在7个基期（2000年）非有效片区中，乌蒙山片区和六盘山片区的EC值最高，但是MI值却最低，可见，技术效率改善难以主导全要素生产率的发展。值得注意的是，滇西、秦巴山、武陵山片区出现了技术“非效率”状态，对全要素生产率的增长产生了负效应。

非农产业部门也表现出类似的状态。如表 9－2 所示，技术进步是推动全要素生产率增长的主要因素，平均增长率达到了 55.66%；片区间的差异不大，所有片区的增长率均超过了 40%，不存在技术退步的异常情况，全部贫困片区的技术进步态势良好。而技术效率的平均增长率仅为 3.52%，其主要原因是大兴安岭片区等 7 个片区一直保持有效生产率，增长率为 0；而非有效的三个片区中，滇桂黔片区的技术效率增长了 33.28%，也是其全要素生产率增长居于前列的主要原因。滇西片区在农业部门和非农产业部门中都出现技术“非效率”；2010 年，滇西片区是唯一一个两部门的生产率均处于非效率状态的片区，经济社会发展的效率堪忧。

9.2　脱钩类型与技术缺口比率变化

片区尺度的分析结果反映了技术效率改善和技术进步对生产率影响的整体状况。但县域尺度的研究对于制定发展目标和实施具体措施更具备针对性。前文中已经将“单位产值碳排放强度”这一技术水平指标纳入到“人口—社会—环境”的恒等式分析之中，论述了技术水平在调和“人口—社会—环境”系统协调发展中的重要作用；脱钩关系是碳排放强度变化的结果，碳排放强度又是技术水平变化的结果，因而，需要进一步验证技术水平变化对脱钩关系的影响，进而对“人口—社会—环境”系统的影响。

依据“产业发展—碳排放”脱钩关系将各个片区的县市区划分为“脱钩单位”和“负脱钩单位”，不同类别的技术水平变化往往具有不同的特点。利用共同前沿（Metafrontier）方法处理不同生产边界下的生产单位技术效率，可以得到两个独立的技术效率值，一个对应于生产单位所在群组的生产前沿；另一个对应于共同前沿，两者的比值称之为技术缺口比率（Technology Gap Ration，TGR）。

TGR = Metafrontier 效率值/群组自我参比效率值

技术缺口比率体现了在同一时间段，不同群组生产前沿与共同前沿的差距。群组内生产单位的技术缺口比率越高，该群组的生产前沿越接近于潜在的生产技术水平（王玲，2014）；越低则说明群组的整体生产技术水平低下。

基于不同的脱钩类型，各个生产决策单位的群组自我参比效率值都不低于共同前沿下的效率值，说明群组内部的“有效”并非真正的“有效”。例如，大兴安岭片区农业部门中的脱钩单位，2000 年群组参比效率均值只达到了共同前沿下的 93.40%，并非“真实有效”；而 2010 年的群组参比效率值则达到了共同前沿下的效率值，群组生产边界与共同前沿重合；脱钩单位的整体生产率有效。

将农业部门和非农部门中的脱钩群组与非脱钩群组进行对比。如表 9 - 3 和表 9 - 4 所示，分析结果呈现出三种类型。

“低—高”类型：2000 年，脱钩群组的 TGR 低于负脱钩群组，表明负脱钩群组的生产边界更靠近于共同前沿，整体效率更高；而至 2010 年，脱钩群组的生产边界更接近于共同前沿，脱钩群组的效率提升更快。大部分片区均数据此类型。

“高—高”类型：2000 年，脱钩群组的 TGR 高于负脱钩群组，而至 2010 年，依然维持这样关系。脱钩群组的效率均值有进一步提升，而负脱钩群组表现为负增长，脱钩群组的整体效率一直高于负脱钩群组。此类型只出现了非农产业部门，包括滇西、六盘山和乌蒙山片区。

“低—低”类型：脱钩群组的 TGR 一直低于负脱钩群组。负脱钩群组的整体效率一直占据优势。此类型只出现在农业部门，包括滇西、罗霄山、秦巴山和乌蒙山片区。其中，除秦巴山片区外，脱钩群组的整体效率均为正增长，负脱钩群组均为负增长。

表 9－3　“产业发展—碳排放”脱钩类型与技术缺口率的关系（农业部门）

片区	脱钩单位		负脱钩单位	
	Technology Gap Ratio（2000）	Technology Gap Ratio（2010）	Technology Gap Ratio（2000）	Technology Gap Ratio（2010）
大别山片区	0.9755	0.9762	0.9949	0.8978
大兴安岭片区	0.9530	0.9750	1.0000	0.8276
滇桂黔片区	0.8458	0.9982	0.9918	0.9585
滇西片区	0.6310	0.8354	0.9975	0.9954
六盘山片区	0.8695	0.9811	0.9710	0.7827
罗霄山片区	0.8810	0.8996	0.9981	0.9902
吕梁山片区	1.0000	1.0000	—	—
秦巴山片区	0.7310	0.7963	0.9940	1.0000
武陵山片区	0.7902	0.9088	0.9599	0.8376
乌蒙山片区	0.8081	0.8845	0.9999	0.9702
燕山太行山片区	0.9514	0.9282	0.9932	0.9057

资料来源：根据基础数据计算得出，下同。

表 9-4　“产业发展—碳排放”脱钩类型与技术缺口率的关系（非农产业部门）

片区	脱钩单位		负脱钩单位	
	Technology Gap Ratio（2000）	Technology Gap Ratio（2010）	Technology Gap Ratio（2000）	Technology Gap Ratio（2010）
大别山片区	0.8898	0.9591	0.9681	0.9499
大兴安岭片区	0.9340	1.0000	0.9433	0.8617
滇桂黔片区	0.8943	0.9432	0.9412	0.9337
滇西片区	0.9656	0.9945	0.9117	0.8953
六盘山片区	0.9919	1.0000	0.8182	0.4934
罗霄山片区	0.9751	1.0000	0.9242	0.9954
吕梁山片区	0.9676	0.9367	0.9704	0.8415
秦巴山片区	0.8485	0.9707	0.9838	0.9414
武陵山片区	0.8649	0.9992	0.9594	0.9105
乌蒙山片区	0.9844	0.9807	0.9435	0.8815
燕山太行山片区	0.8159	0.9776	0.9799	0.8792

可见无论属于哪种类型，脱钩群组的整体效率都表现出更好的发展态势，脱钩群组中生产单位的效率值逐步占据优势，这一现象在非农产业部门中更为突出。在基期和报告期静态技术缺口比率的对比分析中，结果很明显地体现出了“效率提升”过程与实现“产业发展—碳排放”脱钩之间的紧密联系。

9.3　脱钩类型与全要素生产率变化

基期和报告期静态技术缺口比率的差异，来自于全要素生产率的动态变化。因而需要进一步考察效率动态变化与脱钩类型的关系。

ML 指数可分解为技术效率改进和技术进步：$MI = EC \times TC$。

EC 和 TC 的变化率对 MI 变化产生不同影响，可分别计算两者的贡献率。

其中报告期 $MI_t = MI_0 + MI'$，通常令 $MT_0 = 1$，因而 $MI_t = 1 + MI'$；

同理，$EC_t = 1 + EC'$；$TC_t = 1 + TC'$；

$MI_t = 1 + MI' = (1 + EC') \times (1 + TC')$

EC 和 TC 的增长贡献率分别为：EC'/MC'和 TC'/MC'。

共同贡献率为[①]：$\frac{(EC' \times TC')}{MC'}$

2000—2010 年全要素生产率的变动可以分为效率改进和技术进步，技术进步（TC）意味着生产可能性边界的外扩；而技术效率改进（EC）意味着在原有生产可能性边界之内，要素的配置效率和生产率得到了进一步提升。从 MI 变化的贡献率情况看，对全要素生产率的提升主要来自于技术进步，而效率改善的贡献率相对较小，在所有片区的两个部门中，都表现出这一特征。

同时，如表 9－5 所示，“脱钩”单位与“负脱钩”单位也呈现出不同的特征。除乌蒙山片区的农业部门之外，“脱钩”单位的 EC 贡献率都要高于“负脱钩”单位；与之相对应，“非脱钩”单位的 TC 贡献率相对较高。在农业部门，多达 8 个片区的“负脱钩”群组 EC 贡献率为负值；在非农部门中，有 9 个片区出现此类情况，技术进步成为了全要素生产率增长的唯一因素。

① 为比较不同因素的贡献率，具体计算中未考虑共同贡献率。

表 9－5　技术进步和技术效率变化的贡献率差异　单位：%

片区	指标	非农部门		农业部门	
		脱钩单位	负脱钩单位	脱钩单位	负脱钩单位
大别山片区	EC	15.65	－12.75	13.73	－19.13
	TC	76.70	122.50	81.04	129.39
大兴安岭片区	EC	14.89	－10.97	24.04	－122.08
	TC	77.28	140.49	74.81	286.78
滇桂黔片区	EC	13.78	2.41	22.63	2.88
	TC	77.98	93.13	73.19	95.40
滇西片区	EC	17.05	0.37	43.23	21.75
	TC	75.11	102.94	46.13	69.79
六盘山片区	EC	3.33	－82.88	－1.77	－52.85
	TC	101.32	294.18	116.70	208.12
罗霄山片区	EC	13.69	11.31	9.06	－2.10
	TC	81.97	87.42	95.49	118.22
吕梁山片区	EC	5.41	－14.46	－12.32	－449.15
	TC	93.88	136.55	133.40	1235.57
秦巴山片区	EC	9.28	－1.72	16.24	－4.96
	TC	85.26	110.27	75.86	110.99
武陵山片区	EC	10.61	－15.97	44.70	－12.33
	TC	81.29	137.37	46.24	119.77
乌蒙山片区	EC	0.53	－3.23	－7.04	－5.51
	TC	91.20	192.27	109.69	109.53
燕山太行山片区	EC	12.90	－4.92	26.97	－53.20
	TC	80.68	114.57	61.69	182.36

资料来源：根据基础数据计算得出。

上述特点表明，通过改善技术效率才能有效实现“产业发展—碳排放”的关系脱钩；“负脱钩”群组的生产率提升主要来自于技术进步，而在选择技术进步方向时往往首先考虑经济效益因素，对环境目标考虑不足，可能导致碳过度排放。技术效率改进和技术进步的最终目的都是为了提高生产率，前者更关注于供给侧效率，后者更关注于产出侧效率；通过技术效率改进，提高对现有要素的有效利用程度，是贫困地区降低碳排放强度，实现产业发展与碳排放脱钩的有效途径。不可否认，技术进步对生产率提升的贡献度更为明显，但是在开发和引进新技术时，务必注意技术的环境属性，兼顾经济目标和环境目标。

9.4　典型案例

在全要素生产率的提升中，技术进步的贡献率明显更占优势。现实当中，技术进步与技术效率改善往往共同发挥作用。在注重规模增长的情况下，技术进步往往更受关注，可见，改善技术效率并非易事。改善技术效率对于实现“产业发展—碳排放”关系脱钩，进而改进“人口—社会—环境”系统耦合协调程度具有十分积极的作用，因此，应更加重视技术效率改善在贫困地区低碳产业发展中的作用。以下分别列举三次产业部门中的典型事例，探讨技术进步、技术效率改善对低碳发展的促进作用。

9.4.1　马铃薯产业化

一方面，仍有部分贫困地区存在粮食供给不足问题，食物和能量的摄入不足依然是阻碍部分贫困地区人民生活水平提升的制约因素；另一方面，产粮县中也仍存在大量的贫困县，是“粮食增产不增收”现象在县域层面的体现。增产不增收还导致了碳排放增加和农业低碳生产率下降，马铃薯产业化发展战略有助于缓解两方面的矛盾。

增加供给是马铃薯产业发展的首要目标，同时还有望缓解粮食增产所导致的越来越严重的环境压力问题。马铃薯耐旱、耐寒、耐贫瘠，对不利环境的抗逆性强，是典型性的“低投入，高产出”的作物（余欣荣，2015）。在水分条件受限的条件下，各种粮食作物的水分利用率均不及马铃薯高（屈冬玉等，2005）。发展马铃薯产业不仅有利于夯实粮食供给的基础，也有利于生态环境的保护。从产量角度来看，马铃薯单产优势明显，平均亩产达到1593.83千克，远高于玉米和小麦的447.04千克和365.45千克。显然，就单位产量的碳排放强度比较，马铃薯生产的碳排放效率明显占优。但是马铃薯鲜薯含水量高，按照粮食产量统计方法5∶1折重后，马铃薯产量优势不再明显。但按5∶1折算马铃薯产量未能够公平体现马铃薯作为粮食的价值。屈冬玉（2005）认为每人每天粮食需要为0.75千克小麦或2千克马铃薯，而且马铃薯提供的营养成分较小麦更为全面。现行的马铃薯折算主粮方法也不符合国际上以干物质作为当量进行相互比较的做法，马铃薯与禾谷类粮食的折算应以3∶1的比例较为科学合理（唐瑾，2015）[①]。如图9－1所示，调整折算比例之后，马铃薯的产量优势得到了更好的体现，单位产量的碳排放量仅为51.88克/千克，略低于玉米（52.09克/千克），低于小麦22.96%（67.34克/千克），成为了生产碳排放效率最高的粮食作物。马铃薯产业化有助于缓解粮食生产所带来的环境压力问题；当然，鲜食马铃薯的“节碳”效应更为突出。

2009年，国家发改委公布的《全国新增1000亿斤粮食生产能力规划（2009—2020年）》提出到2020年粮食产能增加0.5

① 2015年全国两会委员提案。

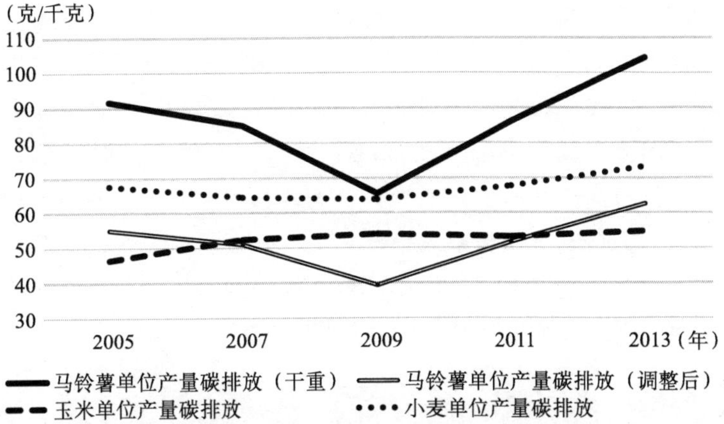

图 9－1　粮食作物单位产量生产碳排放量

资料来源：根据基础数据计算得出。

亿吨，但此规划中忽略了增产潜力更大的马铃薯。按照马铃薯产业发展战略目标，种植面积由 8000 多万亩扩大到 1.5 亿亩，鲜薯亩产量提高到 2 吨以上；至 2020 年，50% 以上的马铃薯作为主粮消费。按照干物质当量比例折算，马铃薯可提供 0.5 亿吨粮食，足以满足全国粮食增产的任务。按小麦占粮食总产量的比重 22% 计算，以马铃薯增产替代小麦增产，可实现减排约 17 万吨；若 0.5 亿吨增产马铃薯全部用于替代小麦，则可实现减排 77 万吨。按我国农业碳排放平均每年递增 438.56 万吨（李颖等，2013）计算，马铃薯增产可实现减排 17.58%。2016 年中央一号文件明确提出了农业供给侧结构性改革，要求调整农业结构以提高农产品供给的有效性。在当前粮食安全和粮食高库存的双重压力下，马铃薯主粮化和产业化发展有利于在保证粮食供给的情况下，实现农业资源的高效利用，减少粮食生产的环境压力，促进“三产”融合。

马铃薯产业发展中品种选育、食品加工应划归技术进步的范畴。而种植区域调整和种植结构调整则更多体现了技术效率的改善。在北方地区，光、热、水条件不匹配，粮食增产可能占用生态用水，在保证粮食生产规模的情况下，实现马铃薯种植对小麦种植的部分替代能够获得更高的生产和生态效率。而在南方地区，水稻与马铃薯的生育期冲突较小，利用大面积的冬闲田种植马铃薯，提高了土地利用效率。在土地投入规模不变的情况，通过扩大马铃薯生产规模，优化种植结构，能够提升土地要素的配置效率，实现粮食生产的增产减排。

9.4.2 光伏扶贫

光伏扶贫是精准扶贫的创用模式。2014 年 10 月，国家能源局、国务院扶贫开发领导小组办公室联合印发《关于实施光伏扶贫工程工作方案》，将光伏扶贫列为扶贫工作的新领域，并在具有工作宁夏、安徽等省区 30 多个县开展首批光伏试点。光伏扶贫被确定为 2015 年“十大精准扶贫工程”之一，充分利用了贫困地区太阳能资源丰富的优势，通过开发太阳能资源、连续 25 年产生的稳定收益，实现了扶贫开发和新能源利用、节能减排相结合。2015 年，全国光伏精准扶贫试点建设规模达 1836 兆瓦，年均收益 22.6 亿元，投资收益率接近 13.72%；近 43 万建档立卡贫困户实现增收，其中包括 8.8 万户失能贫困户，解决了 956 个贫困村无集体收入的问题。目前，在我国 832 个贫困县中，有 451 个县年均等效发电时间超过 1100 小时，适合发展光伏精准扶贫[①]。“十三五”时期，光伏扶贫工程总规模 15000 兆瓦。每年建设规模约 3000 兆瓦，占全国年新增光伏发电装机的

① 2016 年两会委员提案；http://news.xinhuanet.com/energy/2016-03/09/c_1118272737.htm。

20%。“十三五”期间，我国将在太阳能年利用小时数 1100 以上的国家级贫困县中全面开展光伏扶贫工程，覆盖约 300 万已建档立卡的无劳动能力贫困户，为贫困户带来每户每年至少 3000 元的现金收入[①]。

光伏扶贫首先优化了贫困地区的能源消费结构，降低对传统高排放能源的依赖，降低了能源消费碳排放。同时，在产业发展方面，清洁能源的开发正是典型的低碳发展模式，将无法有效定价的太阳能资源转化为高价值的清洁能源资源，实现了资源的经济价值。资源规模量化、确权和交易在光伏发电的技术环节上都能够得以解决，在各项扶贫政策的导引下成为“精准扶贫”工作的重要组成部门，提高了扶贫效率。

光伏发电同样也与土地资源高度相关，实际上是改变了传统的土地利用方式，改变了土地资源价值的实现途径，提高了土地资源利用的经济效率。从这个角度看，属于技术进步的范畴。但光伏扶贫有别于传统意义上的光伏发电，大量利用了屋顶、院坝等零散土地。传统的开发模式下，这一类土地往往达不到经济规模，而失去了开发的价值。光伏扶贫战略的实施，使得一系列破碎化的土地资源通过电网系统整合起来，在未改变土地总规模的情况下，提高了土地利用的效率。光伏扶贫这一特点与贫困地区人口零散分布，人均土地资源禀赋不足，土地破碎化程度高，土地资源价值难以实现等要素属性高度契合，提高资源的配置效率。因而，光伏发电应用于扶贫，体现了技术效率改善的特点。

9.4.3　电商扶贫

2015 年 1 月，国务院扶贫办在甘肃陇南市 9 个贫困县先行

① 《国家太阳能十三五规划征求意见稿》。

开展电商扶贫试点，探索贫困农户创业型、能人大户引领型、龙头企业带动型、乡村干部服务型的网店建设类型和一店带一户、一店带多户的电商扶贫模式。截至 2015 年 8 月底，陇南市网店数量达到 6837 个，网店销售总额 89359 万元，覆盖了全市 2/3 的贫困村，全市 64 万贫困人口因电子商务人均增收 306 元①。

“互联网 + 扶贫”的模式能够产生多重影响。第一，改变了生产者与消费者之间传统的“长链交易”方式，减少了中间环节，提高了交易效率，能够让供需双方共同分享“短链交易”的红利。第二，通过电子商务平台，贫困地区的商品信息能够直接向区域、全国乃至全球市场发布，避免了传统市场交易节点对商品信息传播的限制，供需双方搜索信息的效率都有望提升，提高了交易的频率和成功率。第三，电子商务能够更为充分有效的传递市场信息，贫困地区的生产者能够根据消费者偏好和市场价格信息调整生产和交易行为，减少要素投入的无效率。第四，电子商务能够更高效地实现个体生产者的联合，减少个体生产规模不足对农业产业化的影响，同时还能继续发挥“小农”在生产环节的高效率。第五，将农产品生产的长周期与预售、定向发售等网络营销方式相结合，能够减少农业生产的盲目性和无序性，降低农业生产的风险。

电商扶贫还对劳动力回流产生了积极的影响。电子商务向贫困地区和农业领域的延伸，为年轻劳动力创造了新的从业机会。经济因素的变化开始改变劳动力经济迁移的方向。回流的劳动力具有在发达地区的从业经历，具备从事电子商务的意识和能力，既熟悉消费端市场，同时又对生产端较为熟悉。作为贫困地区稀

① 国家扶贫办网站；http：//www. cpad. gov. cn/art/2015/11/27/art_624_41789. html。

缺的高素质劳动力，还能够起到引领作用，推动电商扶贫向深度和广度发展。

信息化无疑是人类社会最重要的技术进步之一，加快信息化与工业化、城镇化的深度融合，依靠信息与通信技术助推产业转型与技术升级，将是实现我国经济发展方式向低碳绿色转型，推进生态文明建设的重要途径（苗韧等，2013）。电商扶贫将电子商务这一新兴的产业引入到贫困地区，扩展了生产前沿，体现了技术进步的特征。但在电商扶贫的开局阶段，电子商务主要在交易环节体现出效率优势，并未对生产环节对贫困地区传统产业产生根本影响；而是在现有生产模式的基础上，局部优化了要素的投入和配置，因而现阶段电商扶贫更多地体现了技术效率改善的特点。

第10章 连片特困地区环境压力影响因素分析与预测

10.1 模型选择与修订

IPAT 模型由美国学者 Paul R. Ehrlich 等（1971）提出，将环境影响（I）分解成为包括人口（Population）、富裕度（Affluence）和技术（Technology）三个因素的乘法原则恒等式。

$$I = P \times A \times T$$

I 代表环境压力或者环境载荷，通常用资源的消费量或者污染物的排出量代表，在低碳角度的研究中，碳排放量也是一个常见的指标。

P 表示人口。

A 表示富裕度，为与其他经济指标保持一致性，通常选用人均 GDP 作为指标。

T 表示技术，根据恒等式形式，指标为单位产值碳排放强度，反映经济增长的环境技术水平。

IPAT 恒等式公式简单实用，在环境相关领域研究中得到了较为广泛的应用并不断得到发展，一个最主要的变化是改变了影响因素弹性不变的假设。在传统 IPAT 模型中，P、A、T 的弹性均被假设为 1，即在其他因素不变的情况下，某种因素变化对环境的影响是等比例，对现实情况的解释力不足。York 等（2003）在 IPAT 的基础上，建立了 STIRPAT（Stochastic Impacts by regression on population，affluence and technology）模型。

$$I = aP^{b}A^{c}T^{d}e$$

a 为常数项，e 为误差项，b、c、d 分别为人口、财富、技术因素的弹性。

弹性假设的修订提高了模型的解释能力，不仅允许将各个弹性系数作为参数来进行估计，而且也允许对各个影响因素进行适当的分解，从而能够定量分析各因素对环境产生影响的差异。大量文献的差异性主要体现在技术因素：专利技术的申请量是一个常见的技术变量；在数据难以获取的情况下，以第二产业产值作为技术变量；特殊情况下，技术变量由时间变量代替，假定技术水平随时间变化而提升。另一个较为常见的处理是对财富变量进行补充，为了考察经济发展与环境变化之间的“环境库兹涅茨曲线”，将财富的二次项引入到模型中；经对数化处理后模型为：

$$LnI = Lna + bLnP + c_1 LnA + c_2\ (LnA)^2 + dLnT + e$$

本书根据研究设定，对 STIRPAT 模型进行了进一步调整。

第一，修订了环境压力的指标，根据“人口—社会—环境”

分析范式，引入了碳汇资源规模，将碳排放与碳汇资源规模作为环境影响的指标；相较于单独将碳排放量作为环境影响变量，比值更符合环境压力和环境载荷的概念。同时，对于连片特困地区而言，一方面森林覆盖率相对较高，区域内碳汇能力强，存在生态资源盈余和对外输出的现象；一方面，因经济发展和技术水平有限，单方面强调减排也不符合贫困地区的发展实际。因而，考虑碳排放和碳汇能力的比值更能够反映碳平衡状态，更有助于进行科学和可操作性的决策。

改进之后的 IPAT 模型为：$I=\frac{P}{N}\times\frac{G}{P}\times\frac{C}{G}$

在 I 指标值变化后，人口因素指标的含义也发生了改变；新的指标 P/N 代表人均碳汇资源禀赋，将人口因素与区域碳汇资源禀赋结合起来考虑，突出个体发展在低碳发展和精准扶贫中的重要地位。也与“人口—社会—环境”分析范式相匹配。

第二，以低碳全要素生产率指数作为技术变量。技术变量的选择是模型分析的重点和难点，根据前文 DEA 模型计算的环境全要素生产率指数能够更为全面地反映不同产业部门的技术水平变化，因此，将农业部门和非农部门的 TFP 变化率引入到模型之中。

修订后的模型为：$LnI=Lna+bLn(P/N)+c_1LnA+c_2(LnA)^2+d_1LnT_1+d_2LnT_2+e$

其中：N 为碳汇资源规模（NPP 产量）；T_1 和 T_2 分别为非农部门和农业部门全要素生产率。

10.2 岭回归结果分析

根据上述模型，构建面板数据，对 11 个片区 2000—2010 年的环境压力变化的影响因素进行分析。由于模型中引入了人均产值的二次项，有可能产生多重共线性问题；经方差膨胀因子检验（VIF），半数以上的片区存在自变量 VIF 最大值大于 10 的情况，变量之间存在严重的多重共线性，不适合用最小二乘法进行无偏估计。其余片区的自变量 VIF 最大值也超过 5，为了保证分析结果的可比性，对 11 个片区的面板数据均采用了岭回归方法进行估计。

岭回归估计是对最小二乘法估计的改进，通过放弃部分精确度来寻求效果稍差但更符合实际的回归方程，能够改善多重共线性对模型估计的影响。本书利用 STATA 软件的岭回归命令对模型进行了拟合。

如表 10－1 所示，模型估计结果共性与差异并存。共性主要体现在人均资源禀赋和财富指标的影响上，差异则主要体现在技术指标的影响上。

除吕梁山片区之外，“人均碳汇资源禀赋”指标在其他的片区都显著；模型中参与计算的变量为“人均资源禀赋”的倒数，因此，人口数增加导致人均资源禀赋下降，是环境压力增加的正向因素。大部分片区的分析结果都符合这一假定。在 NPP 生产力弱的六盘山、吕梁山和燕山太行山片区，“人均碳汇资源禀赋”系数的显著性和正负方向与假设不一致，也与其他片区存在差异；因而北方贫困地区人口、碳汇资源禀赋和环境压力之间的关系需要单独分析。

财富指标被认为是影响环境压力的关键性指标。其一，是因为财富增长是经济社会发展的必然趋势，并且被希望保持持续的增长。其二，相对于人口指标而言，财富指标的变化幅度和空间较大，尤其是欠发达地区，经济赶超式发展往往可能在短时间内导致环境压力骤增。通常状况下，在较长时间的增长期内，财富

表 10-1　连片特困地区岭回归估计结果

片区	Ln（P/N）		LnA		LnT_1		LnT_2		$(LnA)^2$	
	系数	t 值	系数	t 值	系数	t 值	系数	t 值	系数	t 值
大别山片区	0.113	2.66***	0.448	6.14***	-0.571	-4.63***	-0.118	-0.70	0.479	1.31
大兴安岭片区	0.229	3.64***	0.463	4.25***	-0.232	-1.47	-0.133	-0.80	0.508	1.47
滇桂黔片区	0.0723	2.52**	0.594	11.98***	-0.0424	-0.59	0.00751	0.10	0.947	3.66***
滇西片区	0.178	4.69***	0.273	4.16***	-0.0301	-0.34	-0.619	-4.11***	0.592	1.68*
六盘山片区	-0.0957	-4.91***	0.911	23.71***	-0.0442	-0.77	-0.247	-3.85***	0.321	2.71***
罗霄山片区	0.230	4.58***	0.263	3.15***	-0.412	-4.10***	-0.834	-4.83***	-0.552	-1.30
吕梁山片区	-0.0248	-0.36	0.0796	0.63	-0.399	-1.71*	-0.644	-2.29**	-0.0616	-0.14
秦巴山片区	0.109	3.77***	0.510	9.43***	-0.376	-3.62***	-0.334	-3.07***	0.355	1.98**
武陵山片区	0.101	3.12***	0.417	7.22***	-0.0247	-0.25	-0.533	-4.91***	0.985	4.25***
乌蒙山片区	0.111	3.22***	0.532	8.61***	-0.634	-6.64***	-0.607	-4.95***	-0.136	-0.47
燕山太行山片区	0.0707	1.44	0.526	6.64***	-0.0467	-0.42	-0.172	-1.29	0.529	1.96*

资料来源：根据基础数据计算得出。

指标都被视为环境压力增加的正向因素。从结果看，除吕梁山片区的变量不显著之外，其余 10 个片区结果均符合这一特征。其中“人均国民生产总值”增长对环境压力影响最大的是六盘山片区，弹性值为 0.911；罗霄山片区和滇西片区的影响则较小，弹性值小于 0.3，两个片区人均财富增长的环境代价明显低于平均水平。其他片区的弹性值在 0.4—0.5 之间。

财富指标二次项的引入是为了判断经济社会发展是否会带来环境压力变化的拐点。连片特困地区的经济社会发展滞后，人均财富水平远落后于发达地区；无论是环境压力的变化还是财富的增长，都处于快速的动态变化期，环境压力拐点的出现并不符合当前的实际情况。从结果看，财富指标二次项显著的片区数明显减少，仅有滇桂黔片区等 6 个片区的弹性值显著，并且均为正值。说明当前贫困地区的环境压力变化与财富指标二次项的关联度较弱，贫困地区的环境压力也离拐点尚远；在经济社会的持续发展中，环境压力和风险将不断聚集。

技术变化对环境压力的影响分为两个方面，一方面，技术进步使得人类改造自然的能力迅速增强，人类活动的边界大幅度扩张，一系列的环境问题可能成为技术进步的副产品，碳排放和全球变暖问题正是具体的表现之一；另一方面，技术效率的提升使得人类对环境影响强度趋于下降，例如，能源利用效率的提升能减少碳排放强度。现实当中，技术进步和技术效率提升往往是相辅相成的，因而在指标选择中选择了全要素生产率，代表了技术进步和技术效率改善的综合影响。结果显示，所有模型中，显著的变量弹性系数均为负数；在绝大多数模型中，技术指标也是唯一的逆向指标，说明全要素生产率的提升对环境压力的缓解起着至关重要的作用。

从两个部门的对比来看，在不同片区，农业部门和非农部门的技术变化所产生的效果不同。有三个片区单部门的技术变量系数显著；在大别山片区，非农部门的技术变量系数显著，而在滇西片区和武陵山片区，非农业部门的技术变化才能产生明显的环境红利。有四个片区两部门的技术变量系数显著；罗霄山、吕梁山、秦巴山和乌蒙山片区，两个部门的技术变化都对环境压力缓解起到促进作用。罗霄山片区和吕梁山片区，农业部门的技术变化对环境压力的缓解作用要明显大于非农产业的技术变化；而秦巴山片区和乌蒙山片区，农业技术变化的作用则相对较弱。另有三个片区两部门的技术变量系数均不显著，大兴安岭、滇桂黔和燕山太行山片区的技术变化并不能对环境压力变化产生显著的影响。

总体而言，碳汇资源因受制于自然因素，短期内变化幅度有限；人口和产业发展依然是导致贫困片区环境压力变化的普遍因素；但两者存在区别，从系数绝对值看，财富因素对环境压力的影响较大，往往是主要因素；而与人口规模密切相关的人均资源禀赋尽管在各个片区普遍发挥作用，但影响偏弱。这与贫困地区当前的发展阶段是吻合的。将生态迁移和低碳产业作为贫困地区低碳发展的两条路径是合理的。

技术因素的影响在各个片区的情况不尽相同。在技术弹性系数显著的片区中，技术的系数值基本都要高于财富系数值，如果保持同等速度增长，技术的正向效应可以弥补产业发展所带来的逆向效应。技术变化的影响总体而言是有利因素，但不同片区差异性较大，全要素生产率的增长也难以跟上财富增长速率。在持续的技术进步存在困难，难以准确判断技术进步的环境效应的情况下，优先改善技术效率更能够保证低碳发展的导向。

六盘山和吕梁山片区则属于两个特殊极端情况，六盘山片区的财富效应占绝对优势，经济发展将导致环境压力的骤增，而技术变化难以有效对冲这一逆向效应。而在吕梁山片区，财富效率并不显著，技术变化能够较好的缓解环境压力，技术效应显著。

10.3　环境压力预测

按照我国的扶贫攻坚目标，至 2020 年将实现所有贫困县市区的整体脱贫，因而十分有必要对 2020 年这一重要节点的环境压力进行预测，以便对环境压力的变化提前做好应对措施。

10.3.1　参数设定

对于影响环境压力的变量，做如下假设：

GDP：2000—2010 年 11 个连片特困地区年均增长率为 11%，与全国的平均发展水平基本持平。当前，我国已进入“经济新常态”的调整期，GDP 平均增速放缓，将维持在 6.5%—7% 之间。考虑到至 2020 年，是我国全面建设小康社会，实现全面脱贫的决胜期，贫困地区经济发展速度应该高于全国平均水平，因而假定维持当前的发展速度。

人口：2000—2010 年，在片区尺度，常住人口的变化率仅为 4.75%，人口基数变化不大。王露等（2014）对我国 2020—2030 年县域人口分布的预测结果也表明，人口增减幅变化率为 0.1%—0.3%，总体格局不会发生根本性的变化。由于经济社会发展对贫困地区未来人口迁移的具体影响不确定，假定至 2020 年的常住人口变动维持目前的趋势，常住人口增加和减少的片区各占一半。

碳汇资源：2000—2010 年各片区的 NPP 生产规模也得以提升，在单位面积 NPP 生产力较弱的六盘山、吕梁山和燕山太行山片区，碳汇资源规模有了快速增长，10 年间平均增长了 78.75%，远高于其他片区 3.56% 的增长幅度。这一现象既与上述三个片区 NPP 实际规模远离理论边界和增长空间巨大有关；退耕还林等人为因素应是碳汇资源规模增加的主要原因。不同于社会经济发展指标，NPP 生产能力受自然因素的限制，具有理论上的最大值[①]，因此，需要验证所假设的变化速度的持续性。大别山片区，2000—2010 年 NPP 规模增长了 23.57%，已达到理论规模的 94.08%，假定至 2020 年无明显变化。按当前增长速度，至 2010 年，增长最快的六盘山、吕梁山和燕山太行山 NPP 规模均超过了理论规模；大兴安岭片区南麓片区同样地处北方，NPP 实际规模极值达到理论规模的 82.26%，因此以此为参考，将理论规模的 80% 作为上述三个片区的实际规模极值；在 2010 年度基础上，六盘山和吕梁山片区还需完成 67% 和 77% 的增长，依然是所有片区中增幅最大的。其他片区 NPP 规模变动较小，维持当前的发展趋势较为合理。

10.3.2 预测结果

（1）基于技术不变假设的环境压力和碳排放预测

根据 IPAT 模型进行环境压力预测。根据对 11 个连片特困地区人口、GDP 和 NPP 的变化趋势推算，2020 年各片区人均碳汇资源禀赋和人均 GDP 的估计结果如表 10-2 所示。“人口—环境”子系统的状态改变较为轻微，滇桂黔片区等 5 个片区的人均碳汇资源减少，但除罗霄山片区外，均为轻微变化；大别山等 6 个片区的状态改进，其中 NPP 生产规模较弱的北方四个片区均

---

① 理论 NPP 规模根据 Miami 模型推算，气象数据由国家科技基础条件平台建设项目：地球系统科学数据共享平台（www.geodata.cn）提供。

得以改善，六盘山片区的指标值降低了 37%。“人口—社会”子系统的状态则全面提升，所有片区的人均产值都翻了一番以上，主要原因还是来自于 GDP 增长的贡献。

若技术水平不随之提升，“单位产值碳排放强度”维持在 2010 年的水平，碳排放的规模也随之大幅增加，所有片区将在目前的碳排放规模基础上增排 6.83 亿吨，平均增幅超过了 190%。贫困地区的环境压力骤增，滇桂黔片区环境压力是 2010 年的 3.07 倍，情况最为严峻；即使是情况较好的六盘山片区，压力指标也达到了 2010 年的 1.93 倍。

表 10－2　2020 年连片特困地区“人口—社会—环境”系统变化及碳排放规模预测（2020 年）

片区	“人口—环境”子系统变化（人口/NPP）	“人口—社会”子系统变化（GDP/人口）	碳排放增量（吨）	碳排放增长（%）	环境压力变化（技术不变）（%）
大别山片区	0.90	2.67	6894.99	141.53	141.53
大兴安岭片区	0.87	2.41	2039.61	142.85	108.30
滇桂黔片区	1.06	2.90	10355.14	179.78	207.13
滇西片区	1.05	2.45	3577.74	153.77	158.18
六盘山片区	0.63	3.07	4354.82	221.77	92.96
罗霄山片区	1.15	2.30	1411.75	157.19	164.19
吕梁山片区	0.55	5.40	2733.12	422.95	197.24
秦巴山片区	0.87	3.00	14362.63	184.69	161.90
武陵山片区	1.01	2.48	7405.05	136.42	151.90
乌蒙山片区	1.06	2.73	4558.06	185.25	188.08
燕山太行山片区	0.92	2.74	10663.38	176.31	152.06

资料来源：根据基础数据计算得出。

（2）基于不同目标的环境压力和减排规模预测

目标一：环境压力不变

若需维持2010年压力不变，需在碳排放预测值的基础上大幅度减排，绝大部分片区须完成六成以上的减排任务，减排任务艰巨。因而在不降低经济发展增速的情况下维持2010年的生态压力，单纯依靠技术水平的提升实现节能减排，对于贫困地区的要求过高，不符合当前贫困地区的实际状况，也不利于扶贫攻坚任务的完成。需要在技术水平提升的合理范围内考虑减排目标，同时也不得不从实际出发放松对环境压力不变的严格约束。

目标二：完成碳强度减排目标

按照我国2009年的承诺，至2020年单位产值碳强度较2005年下降40%—45%。这一减排目标给出了我国技术水平提升的合理范围。以此为标准计算，2020年需在原碳排放预测规模的基础上实现减排3.73亿吨，贫困地区的减排压力明显减少；但与此同时，环境压力平均增长了81.41%，个别片区环境压力增长超过了1倍。显然在减排目标完成难度下降的同时，低碳发展的环境目标又面临考验。

目标三：兼顾环境压力与经济发展

环境压力、减排目标、经济发展的矛盾性在确定发展目标时中凸显出来。生态压力是软约束，但所产生的影响可能是深远的。经济发展目标多年来一直是扶贫考核的硬约束指标；在新的考核标准中，GDP考核相对弱化；但按照2020年全面实现小康标准，经济发展依然是贫困地区最主要发展目标之一。减排目标代表了技术水平的提升，对于“人口—社会—环境”协调发展起着关键性的作用，应逐步成为考查低碳发展和低碳扶贫的核心目标。

因而在制定目标时，依然将减排目标设定为较2005年碳强度减少45%，并对经济目标进行必要调整，以缓解环境压力的迅猛增长。2000—2010 年，11 个贫困片区的 GDP 年均增长率都达到或超过了 9%，考虑到环境压力和碳排放任务，将至 2020 年的 GDP 年均增长率下调 2 个百分点，仍然超过了全国 6.5%—7% 的平均水平。如表 10 - 3 所示，根据以上指标测算，在降低经济增速目标的情况下，2020 年环境压力增长得以缓解；在情况最好的燕山太行山片区，环境压力开始负增长。但滇桂黔、滇西、吕梁山、乌蒙山片区的环境压力值仍然增长了 80% 以上。吕梁山片区 2000—2010 年经济增长领先，经济增长率达到 16.00%，将至 2020 年的经济增长率调整为 8% 之后，吕梁山片区环境压力增速骤减，基本维持在 2010 年的水平，经济增速调整的环境效应明显；滇桂黔片区和乌蒙山片区进行同样调整后，环境压力增长也降低约 15 个百分点，大于了 GDP 增速的降幅，收效依然明显。滇西等片区的经济增速尚未达到 8%，没有足够的调整空间，生产效率低下导致经济发展压力和环境压力叠加；贫困人口迁移和特殊政策兜底对于全面实现小康目标至关重要。

表 10 - 3　2020 年连片特困地区环境压力变化与减排比例

片区	减排比例（目标一）	环境压力变化（目标二）	减排比例（目标二）	环境变化（目标三）	减排比例（目标三）
大别山片区	58.60%	50.63%	37.64%	25.21%	48.16%
大兴安岭片区	51.99%	86.82%	10.31%	55.31%	25.44%
滇桂黔片区	67.44%	124.54%	26.89%	87.16%（73.26%）①	39.06%
滇西片区	61.27%	114.25%	17.02%	78.26%	30.96%
六盘山片区	48.18%	38.03%	28.47%	15.35%	40.22%
罗霄山片区	62.15%	91.34%	27.57%	59.24%	39.73%

① 括号内为 8% 经济增长条件的环境压力变化率，下同。

续表

片区	减排比例（目标一）	环境压力变化（目标二）	减排比例（目标二）	环境变化（目标三）	减排比例（目标三）
吕梁山片区	66. 36%	142. 62%	18. 37%	104. 50%（0. 16%）	31. 20%
秦巴山片区	61. 82%	55. 00%	40. 82%	29. 23%	50. 66%
武陵山片区	60. 30%	72. 33%	31. 58%	43. 20%	43. 15%
乌蒙山片区	65. 29%	104. 72%	28. 94%	70. 70%（54. 94%）	40. 75%
燕山太行山片区	60. 33%	15. 21%	54. 29%	-3. 99%	61. 91%

资料来源：根据基础数据计算得出。

第 11 章

结论与政策建议

11.1　主要研究结论

第一，构建“土地利用—产业空间—能源消费—碳排放”分析范式，建立碳排放规模与土地利用现状的联系，对发达地区和欠发达地区的碳排放强度和规模进行了对比分析；对农业用地和非农产业用地、城乡建设用地之间的碳排放强度和规模差异进行了比较。根据连片特困地区的理念土地利用现状估算其碳排放规模，11 个连片特困地区碳排放规模至 2010 年达到 39607.19 万吨，较 2000 年增长了 138.22%。其中排放规模最大的是秦巴山片区，是片区平均值的 2.14 倍。排放规模最小的吕梁山片区，仅为片区均值的 17%。平均碳排放强度从1 吨/公顷增长至超过 3 吨/公顷，碳排放强度最高的大别山片区和燕山太行山片区，碳强度达到 7.09 吨/公顷和 6.49 吨/公顷，增长最快的燕山太行山片区增长了 258.44%。连片特困地区碳排放规模和强度的分析结果为低碳发展研究提供了必要的研究基础。

第二，为分析如何破解连片特困地区“PPE”怪圈，将“人口—社会—环境”系统解构为“人口—环境”“人口—社会”“社会—环境”子系统，以“人口/NPP”“GDP/人口”和“碳排放/NPP”作为指标分析县域尺度的系统耦合协调状态，并分析导致系统失衡的主要原因。分析结果表明，约 40% 以上贫困县市区存在系统失衡的现象，贫困地区可持续发展面临困境。在所有失衡类型中，严重和极度失衡的比例约为 13%—19%，轻度和中度失衡的比例为 17%—20%，濒临失衡的比例超过了 60%，通过调整和优化实现整体均衡发展目标既是迫在眉睫，也是切实可行的。导致连片特困地区发展失衡的最主要因素依然是“人口—社会”因素，解决经济发展滞后是破解“PPE”怪圈的切入点，同时需要选择对其他子系统负面影响最小的发展路径。在环境约束与人口规模约束下，以低碳产业发展促进人均 GDP 增长成为了连片特困地区实现全面脱贫和生态文明建设目标的必然选择。

第三，构建低碳生产率分析模型，对片区尺度和县域尺度的低碳生产效率进行分析。低碳生产效率分析模型分为农业部门模型和非农产业部门模型，在片区尺度上，非农产业部门的效率情况优于农业部门。大别山等四个片区，两个部门均属于有效单位，低碳生产效率位居连片特困地区前列；而在滇桂黔、滇西和六盘山片区，两个部门的效率值均相对滞后，尤其是滇西片区。片区尺度与县域尺度的对比分析表明，在生产效率达到生产前沿或效率值不断提升的片区，其内部的效率均值也较高，离散系数低，个体效率的发展情况较好。六盘山片区和吕梁山片区的整体效率与个体效率发生了背离。滇西片区则呈现了整体效率不足，片区内个体效率较高的情况，生产效率的外部差异大于内部差异，应着重解决整个片区的发展限制性因素。在效率分析中，投入与产出无效率贡献率在两个部门之间存在结构性的差异。在产出角度，非农产业的效率较高；在投入角度，两部门差异不大。

第四，分析技术变化在破解“PPE”怪圈中的关键作用。从技术水平、生产效率的静态对比、全要素生产率的动态变化等多个角度分析了技术在破解“PPE”怪圈中的关键作用。以“单位产值碳排放强度”作为技术水平指标分析“产业发展—碳排放”的脱钩关系，联合分析贫困县市区的脱钩状态和系统耦合状态，脱钩单位的耦合协调度得以改善，负脱钩单位的耦合协调度多呈负向发展。脱钩关系与耦合状态的状态变化同步，能够很好地体现技术水平提升对促进“人口—社会—环境”耦合协调度提升的作用。以“产业发展—碳排放”脱钩关系划分群组，进行共同前沿分析。在静态技术缺口比率的比较中，脱钩群组的整体效率变化都有更好的表现。“生产率提升”与“产业发展—碳排放”脱钩有紧密联系。全要素生产率动态分析结果表明，通过技术效率改善更能有效实现“产业发展—碳排放”关系脱钩。技术效率改善和技术进步的目的都是提升生产率，前者更关注于供给侧，后者更关注于产出侧；技术进步的贡献不可否认，但在开发和引进新技术时，务必关注技术的环境属性，兼顾经济目标和环境目标。在当前的低碳发展实践中，在资源约束下，应强化通过要素的合理化、系统化配置，改善技术效率来促进低碳发展。

第五，引入碳汇资源概念，核算要素投入效率提升的生态成本和生态价值，为要素投入供给侧改革提供决策依据。以效率分析结果计算贫困地区投资需求缺口，以 NPP 生产能力核算碳汇资源规模，建立投资需求与碳汇价值之间的联系。结合当前我国扶贫资金总体规模与退耕还林还草的补贴标准，修正碳汇资源价格，并提出扶贫资金分配与碳汇资源保护、实现和补偿的总体思路。根据不同土地利用类型 NPP 生产能力的差异，从退耕还林还草、新型城镇化等角度分析了土地要素投入效率提升与碳汇价值实现的关系。从生态迁移、经济迁移和劳动力效率提升方面分析了劳动力要素变化对“人口—社会—环境”系统的多重影响。

第六，延续“人口—社会—环境”系统的分析范式，引入 NPP 变量和 TFP 变化率对传统 IPAT 模型和 STIRPAT 模型进行修订后，采用岭回归方法对各个贫困片区环境压力的影响因素进行分析。财富因素对环境压力的影响较大，往往是主要因素；而人均资源禀赋尽管在各个片区普遍发挥作用，但影响偏弱。技术变化的影响总体而言是有利因素，技术因素的影响在各个片区的情况不尽相同。在技术弹性系数显著的片区中，技术的系数值基本都要高于财富系数值，如果保持同等速度增长，技术的正向效应可以弥补产业发展所带来的逆向效应。技术变化的影响总体而言是有利因素，但不同片区差异性较大，全要素生产率的增长也难以跟上财富增长速率。在持续的技术进步存在困难，难以准确判断技术进步的环境效应的情况下，优先提升技术效率更能够保证低碳发展的导向。六盘山和吕梁山片区的情况依然较为特殊，六盘山片区的财富效应占绝对优势，经济发展将导致环境压力的骤增，而技术变化难以有效对冲这一逆向效应。而在吕梁山片区，财富效率并不显著，技术变化能够较好的缓解环境压力，技术效率显著。

设定相关参数，利用 IPAT 模型对 2020 年全面脱贫这一关键节点的环境压力进行预测。单方面追求环境目标或减排目标均不利于贫困地区的生态文明建设和经济建设，以减排目标为中心，适当调低经济发展目标，是较为可行的协调发展方案。在燕山太行山和吕梁山等片区，能够起到显著的效果。但连片特困地区依然面临着环境压力的大幅度上升，滇西等片区经济增长较慢，生产率提升不足，将面临更为严峻的经济发展和环境约束双重压力；贫困人口迁移和特殊政策兜底对于全面实现小康目标至关重要。

11.2　主要政策建议

（1）以改善技术效率促进低碳产业发展破解“PPE”怪圈。贫困地区“人口—社会—环境”失衡的首要因素是“人口—社会”子系统的发展滞后，以低碳产业发展促进人均 GDP 的提升是破解“PPE”怪圈的切入点。

（2）以碳汇资源为标杆配置扶贫资金，实现碳汇资源价值。将贫困地区的碳汇资源变化与扶贫资金的配置挂钩，既能够实现碳汇资源价值化，又能够体现扶贫资金配置与生态文明建设目标的一致性。将扶贫资金对接碳汇资源价值，逐步将东西帮扶和社会扶贫资源的配置与碳汇资源价值挂钩，形成碳汇资源保护、补偿、交易的长效机制。

（3）通过土地要素供给侧改革促进低碳生产率提升。以提升低碳生产率为目标，对土地要素投入的生态成本和生态收益进行核算，通过价格调节机制，使碳汇资源价值在新型城镇化进程和各类扶贫工程中发挥市场化配置资源的作用，促进土地要素的供给侧改革。

（4）人口合理迁移与劳动力优化配置。生态迁移与经济迁移相互作用，能够共同提高贫困地区“人口—社会—环境”系统的耦合协调度。在人实施生态迁移的同时，应积极发挥经济迁移对于改善人均资源禀赋的协同作用；当前贫困地区城乡劳动力配置对低碳生产率提升产生负面影响，加强现有劳动力的优化配置，防止人口过度迁移对劳动力资源的负面影响。

（5）优先改善技术效率。相对于技术进步，技术效率对“产业发展—碳排放”脱钩的影响更为明显，进而促进“人口—社会—环境”系统耦合度的提升。在技术进步的环境属性不明确的情况下，优先改善技术效率应成为低碳产业发展的优先选择；马铃薯产业化、光伏扶贫、电商扶贫等措施都能体现技术效率改善的特征。

（6）合理调整经济发展目标、减排目标和环境控制目标。经济发展目标、减排目标和环境控制目标之间相互制约，应以提升技术水平和改善技术效率为主要途径，控制减排目标为主要目标，实现要素的高效率利用。在处理经济发展目标和环境控制目标的矛盾时，可以考虑适度降低经济发展目标，以控制环境压力在可接受范围内的增长。但环境压力增长问题依然在贫困片区普遍存在，仍然应作为未来监管的重点。

11.3 未来研究方向

（1）提升研究的时效性和延续性。因数据公布滞后的原因，2015 年的数据尚未得到补充，研究结果的时效性和延续性尚待提升，需要在下一阶段的研究中及时补充最新数据，缩短时间间隔，反映贫困地区最新的发展动态。

（2）特定区域的重点研究。以县域尺度的分析结果作为研究基础，对于特定区域的“人口—社会—环境”系统变化进行进一步的分析。对诸如滇西片区、“环京津贫困带”等特定区域，从要素效率、资源禀赋等方面进行研究，探索符合当地实际的低碳发展模式。对省域边界附近的临近贫困县市区进行重点研究，弥补当前研究中以省际差异代替临界县域差异的不足之处。

（3）碳汇资源价值实现的具体措施。从 CDM 和资源碳交易角度，探讨碳汇资源价值实现与连片特困地区低碳发展的可行路径与方案。

（4）完善土地利用碳排放/碳汇影响的研究。在能源消费碳排放的基础上，借鉴生态学等学科的研究方法和成果，对土地利用碳排放/碳汇变化对经济社会发展的影响进行更为全面的研究。

参考文献

1. 阿马蒂亚·森:《贫困与饥荒》,商务印书馆 2001 年版。

2. 北京师范大学中国扶贫研究中心课题组:“中国绿色减贫指数研究”,《经济研究参考》,2015 年第 10 期。

3. 蔡昉:“人口因素如何影响中国未来经济增长”,《科学发展》,2013 年第 6 期。

4. 曹洪民:“反贫困的战略选择——以甘肃贫困地区为例”,《经济研究参考》,1997 年第 1 期。

5. 曹子坚、苏新华:“基于动态 DEA 的西部循环经济发展效率研究”,《改革与战略》,2013 年第 1 期。

6. 曾坤生:“佩鲁增长极理论及其发展研究”,《广西社会科学》,1994 年第 2 期。

7. 曾珊珊:“基于 IPAT 方程的武汉城市圈资源和环境效率评价研究”,华中科技大学 2008 年硕士学位论文。

8. 陈百明、杜红亮:“试论耕地占用与 GDP 增长的脱钩研究”,《资源科学》,2006 年第 5 期。

9. 陈健生:“生态脆弱地区农村慢性贫困研究”,西南财经大学 2008 年博士学位论文。

10. 陈潇阳:“低碳扶贫模式的理论内涵与运行机制分析”,《生态经济:学术版》,2014 年第 1 期。

11. 陈瑶、尚杰:“四大牧区畜禽业温室气体排放估算及影响因素分解”,《中国人口·资源与环境》,2014 年第 12 期。

12. 陈勇、李首成、税伟、康银红:“基于 EKC 模型的西南地区农业生态系统碳足迹研究”，《农业技术经济》，2013 年第 2 期。

13. 成刚：《数据包络分析方法与 MaxDEA 软件》，知识产权出版社 2014 年版。

14. 程琨：“中国农作物生产碳足迹分析”，2010 年南方稻田长期试验协作会议论文。

15. 慈龙骏、刘玉平：“人口增长对荒漠化的驱动作用”，《干旱区资源与环境》，2000 年第 1 期。

16. 崔言民、王骞：“不同组织模式下无公害蔬菜生产效率评价研究”，《农业技术经济》，2012 年第 9 期。

17. 戴万亮：“我国省域高技术产业科技活动相对有效性评价——基于 DEA 模型”，《技术经济》，2012 年第 2 期。

18. 戴小文、漆雁斌、唐宏：“1990—2010 年中国农业隐含碳排放及其驱动因素研究”，《资源科学》，2015 年第 8 期。

19. 戴永安：“中国城市效率差异及其影响因素—基于地级及以上城市面板数据的研究”，《上海经济研究》，2010 年第 12 期。

20. 邓荣荣、陈鸣：“中国低碳发展的国际比较——历史、现状、问题与对策”，《现代经济探讨》，2015 年第 10 期。

21. 杜茎深、王海鸿、王丹：“对贫困与土地退化关系主流观点的反思”，《资源科学》，2008 年第 7 期。

22. 杜婷婷、毛锋、罗锐：“中国经济增长与 CO_2 排放演化探析”，《中国人口·资源与环境》，2007 年第 2 期。

23. 冈纳·缪尔达尔：《亚洲的戏剧：对一些国家贫困问题的研究》，经济出版社 1992 年版。

24. 顾仲阳：“全要素生产率是什么率?”，《人民日报》，2015 年 3 月 23 日。

25. 郭来喜、姜德华："中国贫困地区环境类型研究"，《地理研究》，1995 年第 2 期。

26. 国家统计局农村社会经济调查总队：《中国农村贫困监测报告》，中国统计出版社 2000 年版。

27. 韩召迎："基于生态足迹模型的区域可持续发展评价研究——以江苏省为案例"，南京农业大学 2012 年博士学位论文。

28. 何芬、赵燕霞："美、日促进集中连片特困地区减贫的经验借鉴"，《世界地理研究》，2015 年第 4 期。

29. 赫希曼：《经济发展战略》，经济科学出版社 1991 年版。

30. 胡鞍钢："民族地区全面建设小康社会的几点思考"，《民族研究》，2003 年第 1 期。

31. 华晓宾："广东省净初级生产力的人类占用计算及多年变化分析"，中山大学 2009 年硕士学位论文。

32. 黄飞："基于 STIRPAT 的中国碳排放量影响因素研究"，重庆工商大学 2014 年硕士学位论文。

33. 黄勇、朱信凯："基于指数分解法的中国粮食增量贡献要素研究"，《农业技术经济》，2014 年第 6 期。

34. 黄祖辉、米松华："农业碳足迹研究——以浙江省为例"，《农业经济问题》，2011 年第 11 期。

35. 季曦、王小林："碳金融创新与'低碳扶贫'"，《农业经济问题》，2012 年第 1 期。

36. 姜磊、季民河："基于 STIRPAT 模型的中国能源压力分析——基于空间计量经济学模型的视角"，《地理科学》，2011 年第 9 期。

37. 孔巍、王秀清、李晶宜、刘新录："高产创建项目技术效率分析"，《中国农业资源与区划》，2012 年第 2 期。

38. 李德水："对西北地区生态建设的再认识"，《甘肃政报》，2002 年第 22 期。

39. 李谷成、陈宁陆、闵锐：“环境规制条件下中国农业全要素生产率增长与分解”，《中国人口·资源与环境》，2011 年第 11 期。

40. 李国志、李宗植：“中国农业能源消费碳排放因素分解实证分析——基于 LMDI 模型”，《农业技术经济》，2010 年第 10 期。

41. 李晶、任志远：“基于 GIS 的陕北黄土高原土地生态系统固碳释氧价值评价”，《中国农业科学》，2011 年第 14 期。

42. 李明全、王奇：“基于 Malmquist 指数的技术进步对污染产生量的综合影响研究——以工业 SO_2 为例”，《北京大学学报（自然科学版）》，2012 年第 5 期。

43. 李璞：“低碳情境下的建设用地结构优化研究——以江苏为例”，南京大学 2006 年硕士学位论文。

44. 李效顺、曲福田、郭忠兴、蒋冬梅、潘元庆：“城乡建设用地变化的脱钩研究”，《中国人口·资源与环境》，2008 年第 5 期。

45. 李颖、葛颜祥、刘爱华、梁勇：“基于粮食作物碳汇功能的农业生态补偿机制研究”，《农业经济问题》，2014 年第 10 期。

46. 李颖、葛颜祥、梁勇：“农业碳排放与农业产出关系分析”，《中国农业资源与区划》，2013 年第 3 期。

47. 李张巍：“四川农业经济增长对二氧化碳排放影响的实证研究”，四川农业大学 2012 年硕士学位论文。

48. 廖重斌：“环境与经济协调发展的定量评判及其分类体系——以珠江三角洲城市群为例”，《热带地理》，1999 年第 2 期。

49. 林伯强、蒋竺均：“中国二氧化碳的环境库兹涅茨曲线预测及影响因素分析”，《管理世界》，2009 年第 4 期。

50. 林毅夫：“关于我国扶贫政策的几点建议”，《发展》，2005 年第 7 期。

51. 刘华军、鲍振、杨骞：“中国农业碳排放的地区差距及其分布动态演进——基于 Dagum 基尼系数分解与非参数估计方法的实证研究”，《农业技术经济》，2013 年第 3 期。

52. 刘钧、王雅雯：“中国农业剩余劳动力供给的‘刘易斯拐点’尚未到来”，《东北财经大学学报》，2015 年第 5 期。

53. 刘丽辉：“广东农业碳排放：时空比较及驱动因素实证分析”，《农林经济管理学报》，2015 年第 2 期。

54. 刘双娜、周涛、魏林艳、舒阳：“中国森林植被的碳汇/源空间分布格局”，《科学通报》，2012 年第 11 期。

55. 刘秀丽、汪寿阳：“2011 年我国分行业一次能源消费产生的二氧化碳排放量预测”，《科技促进发展》，2011 年第 1 期。

56. 刘玉、潘瑜春、任旭红、唐秀美：“基于 LMDI 的粮食生产因素分解模型及实证分析——以河南省为例”，《北京大学学报（自然科学版）》，2014 年第 5 期。

57. 刘玉、高秉博、潘瑜春、任旭红：“基于 LMDI 模型的黄淮海地区县域粮食生产影响因素分解”，《农业工程学报》，2013 年第 21 期。

58. 刘玉、高秉博、潘瑜春、郜允兵：“基于 LMDI 模型的中国粮食产量变化及作物构成分解研究”，《自然资源学报》，2014 年第 10 期。

59. 龙爱华、徐中民、王新华、尚海洋：“人口、富裕及技术对 2000 年中国水足迹的影响”，《生态学报》，2006 年第 10 期。

60. 陆汉文：“连片特困地区低碳扶贫道路与政策初探”，《广西大学学报（哲学社会科学版）》，2012 年第 3 期。

61. 马海良、黄德春、姚惠泽："中国三大经济区域全要素能源效率研究——基于超效率 DEA 模型和 Malmquist 指数"，《中国人口·资源与环境》，2011 年第 11 期。

62. 苗韧、周伏秋、冯升波、安琪："信息与通信技术助推我国节能低碳发展"，《宏观经济管理》，2013 年第 11 期。

63. 闵锐、李谷成："环境约束条件下的中国粮食全要素生产率增长与分解——基于省域面板数据与序列 Malmquist - Luenberger 指数的观察"，《经济评论》，2012 年第 5 期。

64. 聂华林："论生态发展"，《开发研究》，2002 年第 1 期。

65. 彭佳雯、黄贤金、钟太洋、赵雲泰："中国经济增长与能源碳排放的脱钩研究"，《资源科学》，2011 年第 4 期。

66. 彭建、王仰麟、吴健生："净初级生产力的人类占用：一种衡量区域可持续发展的新方法"，《自然资源学报》，2007 年第 1 期。

67. 秦如培："开发扶贫生态建设"，《求是》，2010 年第 9 期。

68. 屈冬玉、谢开云、金黎平、庞万福、卞春松、段绍光："中国马铃薯产业发展与食物安全"，《中国农业科学》，2005 年第 2 期。

69. 渠慎宁、郭朝先："基于 STIRPAT 模型的中国碳排放峰值预测研究"，《中国人口·资源与环境》，2010 年第 12 期。

70. 任志远、李晶："秦巴山区植被固定 CO_2 释放 O_2 生态价值测评"，《地理研究》，2004 年第 6 期。

71. 邵桂兰、孔海峥、于谨凯、李晨："基于 LMDI 法的我国海洋渔业碳排放驱动因素分解研究"，《农业技术经济》，2015 年第 6 期。

72. 世界银行：《1990 年世界发展报告——与贫困作斗争》，中国财政经济出版社 1990 年版。

73. 世界银行：《2003 年世界发展报告——变革世界中的可持续发展》，中国财政经济出版社 2003 年版。

74. 世界银行：《2006 年世界发展报告——公平与发展》，清华大学出版社 2006 年版。

75. 世界银行：《2007 年世界发展报告——发展与下一代》，清华大学出版社 2007 年版。

76. 世界银行：《2008 年世界发展报告——以农业促发展》，清华大学出版社 2008 年版。

77. 世界银行：《贫困与对策》，经济管理出版社 1996 年版。

78. 世界银行：《中国战胜农村贫困》，中国财政经济出版社 2001 年版。

79. 唐瑾："关于推进马铃薯主粮化战略实施的建议"，《世纪行》，2015 年第 3 期。

80. 田成川："低碳发展：贫困地区可持续发展的战略选择"，《宏观经济管理》，2015 年第 6 期。

81. 田云、张俊飚、李波："中国农业碳排放研究：测算、时空比较及脱钩效应"，《资源科学》，2012 年第 11 期。

82. 汪三贵、郭子豪："论中国的精准扶贫"，《贵州社会科学》，2015 年第 5 期。

83. 汪三贵："扶贫投资效率的提高需要制度创新"，《农业经济问题》，1997 年第 10 期。

84. 王立猛、何康林："基于 STIRPAT 模型的环境压力空间差异分析——以能源消费为例"，《环境科学学报》，2008 年第 5 期。

85. 王玲："环境效率测度的比较研究"，重庆大学 2014 年博士学位论文。

86. 王露、杨艳昭、封志明、游珍："基于分县尺度的

2020—2030年中国未来人口分布”，《地理研究》，2014年第2期。

87. 王荣：“西南喀斯特地区贫困—人口—土地退化的耦合关系研究——以贵州省毕节地区为例”，北京大学2010年硕士学位论文。

88. 王新玉：“低碳发展与循环发展、绿色发展的关系研究”，《生态经济》，2014年第9期。

89. 王雪妮、孙才志、邹玮：“中国水贫困与经济贫困空间耦合关系研究”，《中国软科学》，2011年第12期。

90. 文清、田云、王雅鹏：“中国农业碳排放省域差异与驱动机理研究——基于30个省（市、区）1993—2012年的面板数据分析”，《干旱区资源与环境》，2015年第11期。

91. 吴文佳、蒋金亮、高全洲、蒋海兵：“2001—2009年中国碳排放与碳足迹时空格局”，《生态学报》，2014年第22期。

92. 伍芬琳、李琳、张海林、陈阜：“保护性耕作对农田生态系统净碳释放量的影响”，《生态学杂志》，2007年第12期。

93. 西奥多·舒尔茨：“对人进行投资——人口质量经济学”，首都经济贸易大学出版社2002年版。

94. 徐德福、王让会、李映雪、张慧：“陆地生态系统碳收支及其主要影响因素分析”，《中国农业气象》，2009年第4期。

95. 徐国泉：“中国能源效率问题研究”，大连理工大学2008年博士学位论文。

96. 徐新良、庞治国、于信芳：《土地利用/覆被变化时空信息分析方法及应用》，科学技术文献出版社2014年版。

97. 徐中民、程国栋、邱国玉：“可持续性评价的ImPACTS等式”，《地理学报》，2005年第2期。

98. 许吟隆、居辉：“气候变化与贫困——中国案例研究”，绿色和平、乐施会、中国农业科学院农业环境与可持续发展研究所2009年研究报告。

99. 杨士兵："西部地区贫困因素与反贫困战略研究"，中南民族大学2011年硕士学位论文。

100. 杨文钰、屠乃美：《作物栽培学各论（南方本）（第二版）》，中国农业出版社2011年版。

101. 叶普万：《贫困经济学研究》，中国社会科学出版社2004年版。

102. 叶普万、王军："贫困研究范式的国际转换"，《山东社会科学》，2004年第11期。

103. 叶普万："中国扶贫战略的偏差及其修正"，《兰州大学学报（社会科学版）》，2004年第5期。

104. 余欣荣："以科技创新引领马铃薯主粮化发展"，《农产品市场周刊》，2015年第4期。

105. 张广胜、王珊珊："中国农业碳排放的结构、效率及其决定机制"，《农业经济问题》，2014年第7期。

106. 张小平、王龙飞："甘肃省农业碳排放变化及影响因素分析"，《干旱区地理》，2014年第5期。

107. 张艳芳、朱妮："基于CASA模型的榆林碳源/汇平衡与生态盈余研究"，《中国农业科学》，2013年第24期。

108. 赵名茶："脆弱生境与贫困——桂西北喀斯特山区研究"；赵桂久、刘燕华：《生态环境综合整治和恢复技术研究（第二集）》，中国科学技术出版社1995年版。

109. 赵荣钦、陈志刚、黄贤金、钟太洋、揣小伟、赖力、张墨逸："南京大学土地利用碳排放研究进展"，《地理科学》，2012年第12期。

110. 赵荣钦、黄贤金、钟太洋："中国不同产业空间的碳排放强度与碳足迹分析”，《地理学报》，2010 年第 9 期。

111. 赵曦、成卓：“中国农村反贫困治理的制度安排”，《贵州社会科学》，2008 年第 9 期。

112. 郑风田、普蓂喆：“以县扶贫模式负面效应探究”，《人民论坛》，2011 年第 36 期。

113. 中国（海南）改革发展研究院“反贫困研究”课题组：《中国反贫困治理结构》，经济出版社 1998 年版。

114. 周广胜、张新时：“自然植被净第一性生产力模型初探”，《植物生态学报》，1995 年第 3 期。

115. 周志刚、郑明亮：“基于对数均值迪氏指数法的中国粮食产量影响因素分解”，《农业工程学报》，2015 年第 2 期。

116. 朱凤歧、高天虹、邱天朝、杨青：“中国反贫困的途径”，《中国贫困地区》，1997 年第 2 期。

117. 朱立志、谷振宾：“生态减贫：包容性发展视角下的路径选择”，2014 年中国可持续发展论坛。

118. 朱文泉、陈云浩、徐丹、李京：“陆地植被净初级生产力计算模型研究进展”，《生态学杂志》，2005 年第 3 期。

119. Ang BW, et al. A new energy decomposition method: perfect in decomposition and consistent in aggregation. Energy, 2000, 26 (6): 537 - 548.

120. Antle JM, et al. Agricultural carbon sequestration, poverty, and sustainability. Environment and Development Economics, 2008, 13: 327 - 352.

121. Bassetti T, et al. CO_2 Emissions and Income Dynamics: What Does the Global Evidence Tell Us? . Environmental and Resource Economics. 2013, 54 (1): 101 - 125.

122. Baulch B, et al. Economic Special Issue on Mobility and

Poverty Dynamics in Developing Countries. The Journal of Development Studies, 2000, 36 (6): 1 – 24.

123. Campbell CA, et al. Organic C accumulation in soil over 30 years in semiarid southwestern Saskatchewan – Effect of crop rotations and fertilizers. Canadian Journal of Soil Science, 2000, 80: 179 – 192.

124. Charnes A, et al. Measuring the efficiency of decision making units. European Journal of Operational Research, 1978, 2 (6): 429 – 444.

125. Christopher G. Potential Scale – Related Problems in Estimating the Cost of CO_2 Mitigation Policies. C1imatic Change, 2000, 44: 331 – 349.

126. Cooper WW, et al. Choosing weights from alternative optimal solutions of dual multiplier models in DEA. European Journal of Operational Research, 2007, 180 (1): 443 – 458.

127. Ehrlich PR, et al. Impact of population growth. Science, 1971, 171 (3977): 1212 – 1217.

128. Ehrlich PR, et al. One dimensional economy. Bulletin of Atomic Scientists, 1972, 28: 16 – 27.

129. Fang K, et al. Modification and predication of energy ecological footprint: A case study of Jilin Province. Geographical Research, 2011, 30 (10): 1835 – 1846.

130. Färe R, et al. Productivity Changes in Swedish Pharmacies 1980 – 1989: A Non – Parametric Malmquist Approach. Journal of Productivity Analysis, 1992, (3): 85 – 101.

131. Farrell MJ. The measurement of productive efficiency. Journal of the Royal Statistical Society, 1957, 120 (3): 253 – 290.

132. Field CB, et al. Primary production of the biosphere: integrating terrestrial and oceanic components. Science, 1998, 281 (5374): 237 - 240.

133. Goetz SJ, et al. Satellite remote sensing of primary production: An improved production efficiency modeling approach. Ecological Modelling, 1999, 122 (3): 239 - 255.

134. Gottschalk P. Earnings Mobility: Permanent Change or Transitory Fluctuations?. The Review of Economics and Statistics, 1982, 64 (3): 450 - 456.

135. Heinimann A. Socio - Economic Perspectives on Shifting Cultivation Landscapes in Northern Laos. Human Ecology, 2013, 41 (1): 51 - 62.

136. Hett C, et al. Carbon Pools and Poverty Peaks in Lao PDR. Mountain Research and Development, 2012, 32 (4): 390 - 399.

137. The core writing team, et al. Climate change 2007: Synthesis Report. The Intergovernmental Panel on Climate Change, 2008.

138. Jalan J, et al. Determinants of Transient and Chronic Poverty: Evidence from Rural China. Policy Research Working Paper, 1998.

139. Joan R. R, et al. Chronic Poverty in the United States. The Journal of Human Resources, 1993, 28 (1): 25 - 54.

140. Lewis WA. Economic Development with Unlimited Supplies of Labour. The Manchester School, 1954, 22 (2): 139 - 191.

141. Lillard L A, et al. Dynamic Aspects of Earning Mobility. conometrica, 1978, 46 (5): 985 - 1012.

142. Liu J, et al. Net primary productivity distribution in the BOREAS region from a process model using satellite and surface data. Journal of Geophysical Research Atmospheres, 1999, 104 (22): 27735 –27754.

143. OECD. Indicators to measure decoupling of environmental pressures from economic growth. Paris: OECD, 2002.

144. Rosenstein – Rodan PN. The Problems of Industrialization of Eastern and South – Eastern Europe. The Economic Journal, 1943, 53: 202 –211.

145. Shi Minjun, et al. Can China Realize CO_2 Mitigation Target toward 2020. Journal of Resources and Ecology, 2010, (2): 145 – 154.

146. Tapio P. Towards a theory of decoupling: Degrees of decoupling in the EU and the case of road traffic in Finland between 1970 and 2001. Transport Policy, 2005, 12 (2): 137 – 151.

147. Vehmas J, et al. Global trends of linking environmental stress and economic growth. Finland: Turku School of Economics and Business Administration, 2003.

148. Venetoulis J, et al. Refining the ecological footprint. Environment, Development and Sustainability, 2008, 10 (4): 441 – 469.

149. York R, et al. STIRPAT, IPAT and ImPACT: Analytic Tools for Unpacking the Driving Forces of Environmental Impacts. Ecological Economics, 2003, 46 (3): 351 –365.

150. Zhao RQ, et al. Carbon footprint of different industrial spaces based on energy consumption in China. Journal of Geographical Sciences, 2011, 21 (2): 285 – 300.

附 录

附录 1 IPCC 收录的各种燃料 CO_2 排放系数（根据我国数据调整后）

燃料别	A		B	C = A × B × (44/12) × 1000		D	E	F = C × 4186.8 × 10^{-9} × 10^{-3}		G		H = F × G		I	J
	IPCC 2006 年 C 排放系数		碳氧化因子	IPCC 2006 年 CO_2 排放系数		IPCC 2006 年 CO_2 排放系数之不确定性		原始系数		我国热值		建议排放系数		建议排放系数之不确定性	
	C 排放系数	单位		CO_2 排放系数	单位	95% 信赖区间下限	95% 信赖区间上限	原始系数	单位	热值	热值单位	数值	单位	95% 信赖区间下	95% 信赖区间
原料煤	25.8	kgC/GJ	1	94600	$kgCO_2/TJ$	-7.7%	+6.8%	3.96E-04	$KgCO_2/Kcal$	5000	Kcal/Kg	1.98	$KgCO_2/Kg$	-7.7%	+6.8%
洗精煤	25.8	kgC/GJ	1	94600	$kgCO_2/TJ$	-7.7%	+6.8%	3.96E-04	$KgCO_2/Kcal$	6300	Kcal/Kg	2.50	$KgCO_2/Kg$	-7.7%	+6.8%
其他洗煤	25.8	kgC/GJ	1	94600	$kgCO_2/TJ$	-3.8%	+2.7%	3.96E-04	$KgCO_2/Kcal$	2500	Kcal/Kg	0.99	$KgCO_2/Kg$	-3.8%	+2.7%
型煤	26.6	kgC/GJ	1	97500	$kgCO_2/TJ$	-10.5%	+11.8%	4.08E-04	$KgCO_2/Kcal$	4950	Kcal/Kg	2.02	$KgCO_2/Kg$	-10.5%	+11.8%
焦炭	29.2	kgC/GJ	1	107000	$kgCO_2/TJ$	-10.6%	+11.2%	4.48E-04	$KgCO_2/Kcal$	6800	Kcal/Kg	3.05	$KgCO_2/Kg$	-10.6%	+11.2%
焦炉煤气	12.1	kgC/GJ	1	44400	$kgCO_2/TJ$	-16.0%	+21.8%	1.86E-04	$KgCO_2/Kcal$	4150	$Kcal/M^3$	0.77	$KgCO_2/M^3$	-16.0%	+21.8%
高炉煤气	70.8	kgC/GJ	1	260000	$kgCO_2/TJ$	-15.8%	+18.5%	1.09E-04	$KgCO_2/Kcal$	590	$Kcal/M^3$	0.64	$KgCO_2/M^3$	-15.8%	+18.5%
转炉煤气	49.2	kgC/GJ	1	182000	$kgCO_2/TJ$			7.62E-04	$KgCO_2/Kcal$	1700	$Kcal/M^3$	1.30	$KgCO_2/M^3$		

续表

燃料别	A		B	C = A × B × (44/12) × 1000		D	E	F = C × 4186.8 × 10^{-9} × 10^{-3}		G		H = F × G		I	J
	IPCC 2006 年 C 排放系数		碳氧化因子	IPCC 2006 年 CO_2 排放系数		IPCC 2006 年 CO_2 排放系数之不确定性		原始系数		我国热值		建议排放系数		建议排放系数之不确定性	
	C 排放系数	单位		CO_2 排放系数	单位	95% 信赖区间下限	95% 信赖区间上限	原始系数	单位	热值	热值单位	数值	单位	95% 信赖区间下	95% 信赖区间
其他煤气	60.2	kgC/GJ	1	221000	$kgCO_2/TJ$			9.25E－04	$KgCO_2/Kcal$	1140	$Kcal/M^3$	1.05	$KgCO_2/M^3$		
其他焦化产品	22.0	kgC/GJ	1	80700	$kgCO_2/TJ$			3.38E－04	$KgCO_2/Kcal$	8000	Kcal/Kg	2.70	$KgCO_2/Kg$		
原油	20.0	kgC/GJ	1	73300	$kgCO_2/TJ$	－3.0%	＋3.0%	3.07E－04	$KgCO_2/Kcal$	10000	Kcal/Kg	3.07	$KgCO_2/Kg$	－3.0%	＋3.0%
汽油	18.9	kgC/GJ	1	69300	$kgCO_2/TJ$	－2.6%	＋5.3%	2.90E－04	$KgCO_2/Kcal$	10300	Kcal/Kg	2.99	$KgCO_2/Kg$	－2.6%	＋5.3%
煤油	19.6	kgC/GJ	1	71900	$kgCO_2/TJ$	－1.5%	＋2.5%	3.01E－04	$KgCO_2/Kcal$	10300	Kcal/Kg	3.10	$KgCO_2/Kg$	－1.5%	＋2.5%
柴油	20.2	kgC/GJ	1	74100	$kgCO_2/TJ$	－2.0%	＋0.9%	3.10E－04	$KgCO_2/Kcal$	10200	Kcal/Kg	3.16	$KgCO_2/Kg$	－2.0%	＋0.9%
燃料油	21.1	kgC/GJ	1	77400	$kgCO_2/TJ$	－2.5%	＋1.8%	3.24E－04	$KgCO_2/Kcal$	10000	Kcal/Kg	3.24	$KgCO_2/Kg$	－2.5%	＋1.8%
液化石油气	17.2	kgC/GJ	1	63100	$kgCO_2/TJ$	－2.4%	＋4.0%	2.64E－04	$KgCO_2/Kcal$	12000	Kcal/Kg	3.17	$KgCO_2/Kg$	－2.4%	＋4.0%
炼厂干气	15.7	kgC/GJ	1	57600	$kgCO_2/TJ$	－16.3%	＋19.8%	2.41E－04	$KgCO_2/Kcal$	11000	Kcal/Kg	2.65	$KgCO_2/Kg$	－16.3%	＋19.8%
其他石油制	20.0	kgC/GJ	1	73300				3.07E－04	$KgCO_2/Kcal$	9600	Kcal/Kg	2.95	$KgCO_2/Kg$		
天然气	15.3	kgC/GJ	1	56100	$kgCO_2/TJ$	－3.2%	＋3.9%	2.35E－04	$KgCO_2/Kcal$	9310	$Kcal/M^3$	2.19	$KgCO_2/M^3$	－3.2%	＋3.9%
液化天然气（LNG）	17.5	kgC/GJ	1	64200	$kgCO_2/TJ$	－9.2%	＋9.7%	2.69E－04	$KgCO_2/Kcal$	12000	Kcal/Kg	3.23	$KgCO_2/Kg$	－9.2%	＋9.7%

附录 2　2000—2010 年连片特困地区技术缺口比率（非农部门）

片区	DMU	Cluster	Technology Gap Ratio（2000）	Technology Gap Ratio（2005）	Technology Gap Ratio（2010）
大别山片区	大悟县	1	1	1	1
大别山片区	郸城县	1	0.755494	0.979999	1
大别山片区	阜南县	6	1	0.940956	0.738295
大别山片区	固始县	1	0.736777	1	1
大别山片区	光山县	1	0.784561	0.933223	1
大别山片区	红安县	2	1	0.791799	1
大别山片区	淮滨县	1	0.753214	0.729708	0.826571
大别山片区	淮阳县	1	0.911153	0.979893	1
大别山片区	潢川县	1	0.880025	1	1
大别山片区	霍邱县	6	0.63556	0.829783	1
大别山片区	金寨县	6	1	1	1
大别山片区	兰考县	1	1	1	1
大别山片区	利辛县	1	1	0.84668	1
大别山片区	临泉县	6	0.78897	0.860653	1
大别山片区	罗田县	2	1	1	1
大别山片区	麻城市	2	1	0.973551	0.937338
大别山片区	民权县	1	0.96365	0.948134	0.968555
大别山片区	宁陵县	2	0.920336	1	0.885685
大别山片区	蕲春县	2	1	1	1
大别山片区	潜山县	1	1	1	1
大别山片区	商城县	2	1	1	1
大别山片区	商水县	2	1	0.968661	0.879805
大别山片区	沈丘县	1	0.819368	0.960537	0.954225
大别山片区	寿县	1	1	1	1
大别山片区	宿松县	2	0.847768	0.708244	0.799725

续表

片区	DMU	Cluster	Technology Gap Ratio (2000)	Technology Gap Ratio (2005)	Technology Gap Ratio (2010)
大别山片区	太湖县	1	1	1	0.784628
大别山片区	太康县	1	0.928707	0.973842	0.991755
大别山片区	团风县	2	1	1	1
大别山片区	望江县	2	0.784917	1	1
大别山片区	孝昌县	2	1	0.956178	0.990133
大别山片区	新蔡县	1	0.783298	0.985869	0.902121
大别山片区	新县	2	1	1	1
大别山片区	英山县	2	1	1	1
大别山片区	颍上县	2	1	1	0.80614
大别山片区	岳西县	6	1	1	1
大别山片区	柘城县	1	0.810871	0.735021	0.876164
大兴安岭片区	拜泉县	1	0.758055	1	1
大兴安岭片区	大安市	1	1	1	1
大兴安岭片区	富裕县	1	1	1	1
大兴安岭片区	甘南县	1	1	1	1
大兴安岭片区	科右前旗加阿尔山市	2	1	1	0.569229
大兴安岭片区	科右中旗	2	1	1	1
大兴安岭片区	克东县	1	1	1	1
大兴安岭片区	兰西县	3	1	1	1
大兴安岭片区	林甸县	1	1	1	1
大兴安岭片区	龙江县	2	1	1	1
大兴安岭片区	明水县	2	1	1	1
大兴安岭片区	青冈县	2	0.546384	1	1
大兴安岭片区	泰来县	1	0.647701	1	1

续表

片区	DMU	Cluster	Technology Gap Ratio（2000）	Technology Gap Ratio（2005）	Technology Gap Ratio（2010）
大兴安岭片区	通榆县	1	1	1	1
大兴安岭片区	突泉县	2	1	0. 803184	0. 656782
大兴安岭片区	望奎县	2	1	1	1
大兴安岭片区	扎赉特旗	2	1	0. 736993	0. 667952
大兴安岭片区	镇赉县	1	1	1	1
滇桂黔片区	安龙县	2	1	1	1
滇桂黔片区	巴马县	1	0. 634079	0. 784623	1
滇桂黔片区	册亨县	1	0. 994068	0. 709705	1
滇桂黔片区	岑巩县	1	1	1	1
滇桂黔片区	长顺县	6	0. 65538	0. 822161	1
滇桂黔片区	从江县	6	0. 637317	0. 847825	0. 789349
滇桂黔片区	大化县	2	1	0. 957235	0. 921578
滇桂黔片区	大新县	2	1	1	1
滇桂黔片区	丹寨县	6	1	1	1
滇桂黔片区	德保县	2	1	1	0. 746619
滇桂黔片区	东兰县	1	0. 780796	0. 772918	0. 747936
滇桂黔片区	都安县	1	0. 672079	0. 927405	1
滇桂黔片区	独山县	1	0. 803572	0. 793648	0. 982122
滇桂黔片区	富宁县	2	1	1	1
滇桂黔片区	关岭县	1	0. 978228	1	1
滇桂黔片区	广南县	1	0. 886135	0. 810768	0. 980093
滇桂黔片区	贵定县	2	1	1	1
滇桂黔片区	环江县	2	1	1	1
滇桂黔片区	黄平县	1	0. 774773	0. 935848	0. 997765
滇桂黔片区	惠水县	1	1	0. 705437	0. 696305

续表

片区	DMU	Cluster	Technology Gap Ratio（2000）	Technology Gap Ratio（2005）	Technology Gap Ratio（2010）
滇桂黔片区	剑河县	1	1	1	1
滇桂黔片区	锦屏县	2	0. 649729	0. 959298	1
滇桂黔片区	靖西县	1	0. 763188	0. 961543	1
滇桂黔片区	乐业县	2	1	1	1
滇桂黔片区	雷山县	6	1	1	1
滇桂黔片区	黎平县	6	0. 910465	0. 901564	0. 907851
滇桂黔片区	荔波县	6	1	0. 77765	0. 756023
滇桂黔片区	凌云县	1	1	1	1
滇桂黔片区	六枝特区	6	0. 806853	1	1
滇桂黔片区	龙里县	1	1	1	1
滇桂黔片区	龙胜县	1	1	1	1
滇桂黔片区	龙州县	1	0. 803275	0. 784828	0. 788778
滇桂黔片区	隆安县	2	0. 995516	0. 998611	0. 952643
滇桂黔片区	泸西县	1	0. 680509	0. 862745	0. 981401
滇桂黔片区	罗城县	2	1	0. 993067	0. 953719
滇桂黔片区	罗甸县	6	1	0. 788306	0. 828646
滇桂黔片区	罗平县	2	1	1	1
滇桂黔片区	麻江县	1	1	1	0. 988108
滇桂黔片区	马关县	2	0. 744031	1	0. 738018
滇桂黔片区	马山县	2	1	1	0. 738196
滇桂黔片区	那坡县	1	1	1	1
滇桂黔片区	宁明县	1	1	0. 916066	0. 754596
滇桂黔片区	平坝县	6	1	1	1
滇桂黔片区	平塘县	6	1	0. 881841	0. 738956
滇桂黔片区	屏边县	1	1	1	1

续表

片区	DMU	Cluster	Technology Gap Ratio（2000）	Technology Gap Ratio（2005）	Technology Gap Ratio（2010）
滇桂黔片区	普安县	2	0.639906	1	1
滇桂黔片区	普定县	1	0.915483	1	0.80599
滇桂黔片区	晴隆县	1	0.90366	0.940972	0.956736
滇桂黔片区	丘北县	1	0.948561	0.752823	0.938216
滇桂黔片区	榕江县	6	1	1	1
滇桂黔片区	融安县	2	1	1	1
滇桂黔片区	融水县	1	0.880539	0.898703	0.987641
滇桂黔片区	三都县	6	0.798983	0.875966	0.893123
滇桂黔片区	三江县	2	1	1	1
滇桂黔片区	三穗县	1	1	1	1
滇桂黔片区	上林县	1	0.758762	0.733445	0.851668
滇桂黔片区	师宗县	1	0.963907	1	0.771365
滇桂黔片区	施秉县	6	1	1	1
滇桂黔片区	水城县	1	0.682553	1	1
滇桂黔片区	台江县	1	1	1	1
滇桂黔片区	天等县	1	0.701097	0.757496	0.819035
滇桂黔片区	天柱县	1	0.858086	0.907565	0.987031
滇桂黔片区	田林县	2	0.784419	0.946262	0.764078
滇桂黔片区	田阳县	1	0.804705	1	0.787413
滇桂黔片区	望谟县	1	1	1	1
滇桂黔片区	瓮安县	1	1	1	1
滇桂黔片区	西畴县	1	1	1	1
滇桂黔片区	西林县	2	1	1	1
滇桂黔片区	西秀区	1	1	1	1
滇桂黔片区	忻城县	1	0.727713	0.812024	0.860254

续表

片区	DMU	Cluster	Technology Gap Ratio（2000）	Technology Gap Ratio（2005）	Technology Gap Ratio（2010）
滇桂黔片区	兴仁县	2	1	1	1
滇桂黔片区	砚山县	2	0.892718	1	0.725686
滇桂黔片区	贞丰县	1	0.88993	0.973126	1
滇桂黔片区	镇宁县	1	0.858803	0.854387	0.987426
滇桂黔片区	镇远县	1	1	1	1
滇桂黔片区	资源县	2	1	1	1
滇西边境片区	宾川县	2	1	1	1
滇西边境片区	沧源县	1	1	1	1
滇西边境片区	昌宁县	1	0.858703	1	1
滇西边境片区	大姚县	1	1	1	1
滇西边境片区	洱源县	1	0.999066	0.973295	1
滇西边境片区	凤庆县	1	1	1	1
滇西边境片区	耿马县	1	0.8361	0.989889	1
滇西边境片区	贡山县	1	1	1	1
滇西边境片区	鹤庆县	1	0.926038	0.991032	1
滇西边境片区	红河县	1	0.982335	0.970398	1
滇西边境片区	剑川县	1	0.990418	0.899758	1
滇西边境片区	江城县	1	1	1	1
滇西边境片区	金平县	1	1	1	1
滇西边境片区	景东县	1	0.946514	1	1
滇西边境片区	景谷县	1	1	0.99436	1
滇西边境片区	兰坪县	1	1	1	1
滇西边境片区	澜沧县	1	0.940224	1	0.994151
滇西边境片区	梁河县	1	0.930783	0.890817	1
滇西边境片区	临翔县	1	0.839868	0.950839	1

续表

片区	DMU	Cluster	Technology Gap Ratio（2000）	Technology Gap Ratio（2005）	Technology Gap Ratio（2010）
滇西边境片区	龙陵县	2	0.971232	0.684728	0.883555
滇西边境片区	隆阳区	2	1	1	1
滇西边境片区	陇川县	1	0.838938	0.934172	1
滇西边境片区	泸水县	1	1	1	1
滇西边境片区	绿春县	2	0.581497	0.530972	0.568432
滇西边境片区	芒市	1	1	0.726051	0.804252
滇西边境片区	勐海县	2	0.824643	0.732818	1
滇西边境片区	勐腊县	2	1	1	1
滇西边境片区	孟连县	1	0.953405	0.836705	1
滇西边境片区	弥渡县	1	1	0.880044	1
滇西边境片区	墨江县	2	0.651638	0.847891	0.861037
滇西边境片区	牟定县	1	1	1	1
滇西边境片区	南华县	1	1	1	1
滇西边境片区	南涧县	1	1	1	1
滇西边境片区	宁洱县	2	1	1	1
滇西边境片区	宁蒗县	1	0.971526	0.978348	0.994436
滇西边境片区	施甸县	1	1	1	1
滇西边境片区	石屏县	1	0.819179	1	1
滇西边境片区	双柏县	2	0.923506	1	0.69033
滇西边境片区	双江县	1	0.929116	0.939763	1
滇西边境片区	巍山县	1	1	0.992582	1
滇西边境片区	西盟县	1	0.89545	1	1
滇西边境片区	祥云县	1	1	1	1
滇西边境片区	漾濞县	1	1	1	1
滇西边境片区	姚安县	1	1	1	1

续表

片区	DMU	Cluster	Technology Gap Ratio (2000)	Technology Gap Ratio (2005)	Technology Gap Ratio (2010)
滇西边境片区	盈江县	2	0.987796	0.977992	1
滇西边境片区	永德县	1	0.968745	1	0.986533
滇西边境片区	永平县	2	1	1	1
滇西边境片区	永仁县	6	1	1	1
滇西边境片区	永胜县	1	0.996449	1	1
滇西边境片区	玉龙县	2	1	0.976847	0.739952
滇西边境片区	元阳县	6	0.840877	1	1
滇西边境片区	云龙县	1	1	1	1
滇西边境片区	云县	1	1	1	1
滇西边境片区	镇康县	6	0.996694	1	1
滇西边境片区	镇沅县	1	1	1	1
六盘山片区	长武县	1	1	1	1
六盘山片区	淳化县	1	1	1	1
六盘山片区	定西县	2	0.636304	0.48875	0.462019
六盘山片区	东乡族县	1	1	1	1
六盘山片区	扶风县	1	1	1	1
六盘山片区	甘谷县	1	1	1	1
六盘山片区	皋兰县	1	1	1	1
六盘山片区	古浪县	1	1	1	1
六盘山片区	固原县	1	1	1	1
六盘山片区	广河县	1	1	1	1
六盘山片区	海原县	1	1	1	1
六盘山片区	合水县	1	1	1	1
六盘山片区	和政县	1	1	1	1
六盘山片区	互助县	1	1	1	1

续表

片区	DMU	Cluster	Technology Gap Ratio（2000）	Technology Gap Ratio（2005）	Technology Gap Ratio（2010）
六盘山片区	华池县	1	1	1	1
六盘山片区	化隆县	1	1	1	1
六盘山片区	环县	1	1	1	1
六盘山片区	湟源县	1	1	1	1
六盘山片区	湟中县	1	1	1	1
六盘山片区	会宁县	1	1	1	1
六盘山片区	积石山县	1	1	1	1
六盘山片区	泾川县	1	0.954852	1	1
六盘山片区	泾源县	1	1	1	1
六盘山片区	景泰县	1	1	1	1
六盘山片区	靖远县	1	1	1	1
六盘山片区	静宁县	1	1	1	1
六盘山片区	康乐县	1	1	1	1
六盘山片区	乐都县	1	1	1	1
六盘山片区	临洮县	1	1	1	1
六盘山片区	临夏市	1	1	1	1
六盘山片区	临夏县	1	1	1	1
六盘山片区	麟游县	1	1	1	1
六盘山片区	灵台县	2	1	0.734922	0.524791
六盘山片区	隆德县	1	1	1	1
六盘山片区	陇西县	1	1	1	1
六盘山片区	陇县	1	1	1	1
六盘山片区	民和县	1	1	1	1
六盘山片区	岷县	1	1	1	1
六盘山片区	宁县	1	1	1	1

续表

片区	DMU	Cluster	Technology Gap Ratio（2000）	Technology Gap Ratio（2005）	Technology Gap Ratio（2010）
六盘山片区	彭阳县	1	1	1	1
六盘山片区	平凉市	1	1	1	1
六盘山片区	千阳县	1	1	1	1
六盘山片区	秦安县	1	1	1	1
六盘山片区	清水县	1	1	1	1
六盘山片区	庆阳县	1	1	1	1
六盘山片区	天水市市辖区	1	1	1	1
六盘山片区	通渭县	1	1	1	1
六盘山片区	同心县	1	1	1	1
六盘山片区	渭源县	1	0.771788	1	1
六盘山片区	武山县	1	1	1	1
六盘山片区	西吉县	1	1	1	1
六盘山片区	循化县	1	1	1	1
六盘山片区	永登县	1	1	1	1
六盘山片区	永靖县	1	1	1	1
六盘山片区	永寿县	1	1	1	1
六盘山片区	榆中县	1	1	1	1
六盘山片区	张家川县	1	1	1	1
六盘山片区	漳县	1	1	1	1
六盘山片区	镇原县	1	1	1	1
六盘山片区	正宁县	1	0.794548	1	1
六盘山片区	庄浪县	1	1	1	1
罗霄山片区	安仁县	1	0.974382	1	1
罗霄山片区	安远县	6	1	1	1
罗霄山片区	茶陵县	2	1	1	1

续表

片区	DMU	Cluster	Technology Gap Ratio（2000）	Technology Gap Ratio（2005）	Technology Gap Ratio（2010）
罗霄山片区	赣县	2	1	1	1
罗霄山片区	桂东县	2	1	1	1
罗霄山片区	会昌县	1	0.93208	0.941675	1
罗霄山片区	井冈山市	1	1	1	1
罗霄山片区	乐安县	2	0.698404	0.891595	1
罗霄山片区	莲花县	2	0.770858	0.746678	1
罗霄山片区	南康市	1	1	1	1
罗霄山片区	宁都县	6	1	1	1
罗霄山片区	汝城县	2	1	1	0.967672
罗霄山片区	瑞金市	1	0.960082	1	1
罗霄山片区	上犹县	1	1	1	1
罗霄山片区	石城县	1	1	1	1
罗霄山片区	遂川县	2	1	1	1
罗霄山片区	万安县	1	0.999845	1	1
罗霄山片区	兴国县	6	0.799611	1	1
罗霄山片区	寻乌县	1	0.886589	1	1
罗霄山片区	炎陵县	1	1	1	1
罗霄山片区	宜章县	1	1	1	1
罗霄山片区	永新县	1	0.923035	0.982966	1
罗霄山片区	于都县	1	1	1	1
吕梁山片区	汾西县	6	1	1	1
吕梁山片区	横山县	2	1	0.564425	1
吕梁山片区	吉县	6	1	1	1
吕梁山片区	佳县	1	1	1	1
吕梁山片区	静乐县	2	0.852194	0.543972	0.665065

续表

片区	DMU	Cluster	Technology Gap Ratio（2000）	Technology Gap Ratio（2005）	Technology Gap Ratio（2010）
吕梁山片区	岢岚县	1	1	1	1
吕梁山片区	岚县	2	1	0.337989	0.542369
吕梁山片区	临县	1	1	0.407586	0.639391
吕梁山片区	米脂县	2	1	0.338024	1
吕梁山片区	清涧县	1	0.811017	0.338426	1
吕梁山片区	神池县	1	1	1	1
吕梁山片区	石楼县	1	1	0.156206	0.918612
吕梁山片区	绥德县	1	1	0.675166	0.745282
吕梁山片区	五寨县	1	0.957572	0.390133	1
吕梁山片区	隰县	1	1	1	1
吕梁山片区	兴县	1	0.874752	0.317372	1
吕梁山片区	永和县	1	1	1	1
吕梁山片区	子洲县	2	1	1	1
秦巴山片区	巴州区	1	0.78437	1	1
秦巴山片区	白河县	1	1	1	0.859238
秦巴山片区	保康县	2	1	1	1
秦巴山片区	北川县	2	1	1	0.936436
秦巴山片区	苍溪县	1	0.778285	1	1
秦巴山片区	朝天区	1	1	1	1
秦巴山片区	成县	1	0.757326	1	0.910128
秦巴山片区	城固县	2	1	1	0.867251
秦巴山片区	城口县	1	1	1	1
秦巴山片区	丹凤县	1	0.68252	0.871718	0.996158
秦巴山片区	丹江口市	2	1	1	0.851203
秦巴山片区	宕昌县	1	0.792443	0.878215	0.902215

续表

片区	DMU	Cluster	Technology Gap Ratio (2000)	Technology Gap Ratio (2005)	Technology Gap Ratio (2010)
秦巴山片区	房县	1	0.712047	0.947727	0.916103
秦巴山片区	奉节县	6	0.588812	1	0.759784
秦巴山片区	佛坪县	2	1	1	1
秦巴山片区	汉滨区	1	1	1	1
秦巴山片区	汉阴县	1	0.897429	0.815391	0.930601
秦巴山片区	徽县	1	1	1	0.954341
秦巴山片区	剑阁县	1	1	0.904946	0.98019
秦巴山片区	康县	1	0.731185	0.936388	0.965424
秦巴山片区	岚皋县	1	1	1	1
秦巴山片区	礼县	1	0.707006	0.843257	0.888161
秦巴山片区	两当县	1	1	1	1
秦巴山片区	留坝县	1	1	1	1
秦巴山片区	卢氏县	2	1	0.993339	0.987201
秦巴山片区	鲁山县	1	0.805626	0.878477	0.983272
秦巴山片区	栾川县	1	0.746956	1	1
秦巴山片区	略阳县	1	0.802075	1	1
秦巴山片区	洛南县	1	0.760393	0.706869	0.946973
秦巴山片区	洛宁县	1	0.883236	0.950973	1
秦巴山片区	勉县	1	0.831697	1	1
秦巴山片区	内乡县	1	0.815742	1	0.864342
秦巴山片区	南江县	1	0.834428	0.966697	0.977675
秦巴山片区	南召县	1	1	1	0.967585
秦巴山片区	南郑县	2	1	1	1
秦巴山片区	宁强县	1	0.83088	0.952563	0.919725
秦巴山片区	宁陕县	1	1	1	1

续表

片区	DMU	Cluster	Technology Gap Ratio (2000)	Technology Gap Ratio (2005)	Technology Gap Ratio (2010)
秦巴山片区	平昌县	1	0.716959	1	0.909844
秦巴山片区	平利县	1	0.679463	0.942687	1
秦巴山片区	平武县	2	0.927728	1	0.732724
秦巴山片区	青川县	1	0.753393	0.908174	0.99329
秦巴山片区	汝阳县	1	1	1	1
秦巴山片区	山阳县	1	0.828293	0.772431	0.827717
秦巴山片区	商南县	1	0.795451	1	1
秦巴山片区	商州区	1	0.833623	0.922074	1
秦巴山片区	石泉县	1	1	1	1
秦巴山片区	嵩县	2	0.999952	0.939713	1
秦巴山片区	太白县	2	1	1	1
秦巴山片区	通江县	1	0.687795	1	1
秦巴山片区	万源市	1	1	1	0.999917
秦巴山片区	旺苍县	1	0.570444	0.96494	0.988106
秦巴山片区	文县	1	0.579689	0.994477	1
秦巴山片区	巫山县	2	1	1	0.998735
秦巴山片区	巫溪县	2	1	1	0.891857
秦巴山片区	武都区	1	0.880255	0.851286	0.963859
秦巴山片区	西和县	1	0.841912	0.811989	0.928948
秦巴山片区	西乡县	1	0.835934	0.943113	0.977151
秦巴山片区	淅川县	1	0.81537	1	1
秦巴山片区	宣汉县	1	1	1	1
秦巴山片区	旬阳县	1	1	1	1
秦巴山片区	洋县	1	0.728269	0.751379	0.935216
秦巴山片区	仪陇县	2	1	1	1

续表

片区	DMU	Cluster	Technology Gap Ratio（2000）	Technology Gap Ratio（2005）	Technology Gap Ratio（2010）
秦巴山片区	元坝区	1	0.929238	0.823258	0.958987
秦巴山片区	云阳县	2	1	1	1
秦巴山片区	郧西县	2	0.966118	0.942164	0.761342
秦巴山片区	郧县	1	0.641276	0.912799	0.98214
秦巴山片区	镇安县	1	0.854479	0.885302	0.941926
秦巴山片区	镇巴县	1	0.796734	1	1
秦巴山片区	镇平县	2	1	1	1
秦巴山片区	镇坪县	1	1	1	1
秦巴山片区	周至县	2	1	1	1
秦巴山片区	竹山县	2	0.815467	1	0.917888
秦巴山片区	竹溪县	1	0.785126	0.98869	0.990761
秦巴山片区	紫阳县	1	1	1	1
秦巴山片区	柞水县	1	0.808791	1	1
武陵山片区	安化县	2	1	0.972816	0.890591
武陵山片区	巴东县	2	1	0.751412	0.802707
武陵山片区	保靖县	1	1	1	1
武陵山片区	碧江区	1	0.72538	1	1
武陵山片区	长阳县	2	1	1	0.732299
武陵山片区	辰溪县	1	0.646709	0.828959	0.991785
武陵山片区	城步县	1	0.805141	0.930743	0.995225
武陵山片区	慈利县	2	1	1	1
武陵山片区	道真县	6	0.713313	0.604394	0.631331
武陵山片区	德江县	6	0.700771	0.601957	0.632055
武陵山片区	洞口县	2	1	0.847917	0.870589
武陵山片区	恩施市	2	1	0.99249	0.934795

续表

片区	DMU	Cluster	Technology Gap Ratio（2000）	Technology Gap Ratio（2005）	Technology Gap Ratio（2010）
武陵山片区	丰都县	1	0.751334	0.725657	1
武陵山片区	凤冈县	1	1	1	1
武陵山片区	凤凰县	1	0.845426	0.922423	1
武陵山片区	古丈县	1	1	0.75451	1
武陵山片区	鹤峰县	2	1	1	1
武陵山片区	花垣县	2	0.980573	0.758463	1
武陵山片区	会同县	2	1	1	0.753157
武陵山片区	建始县	2	1	0.821607	0.894732
武陵山片区	江口县	6	1	1	1
武陵山片区	靖州县	2	1	1	1
武陵山片区	来凤县	2	1	0.952986	0.802799
武陵山片区	利川市	2	1	1	0.978633
武陵山片区	涟源市	1	1	1	1
武陵山片区	龙山县	1	0.650359	0.895485	1
武陵山片区	隆回县	2	1	0.963516	0.892489
武陵山片区	泸溪县	2	0.653794	0.910145	1
武陵山片区	麻阳县	2	0.702614	0.977955	0.960184
武陵山片区	湄潭县	6	1	1	1
武陵山片区	彭水县	1	0.852595	1	1
武陵山片区	黔江	2	1	1	1
武陵山片区	桑植县	1	0.744297	0.677917	1
武陵山片区	邵阳县	2	1	1	0.856515
武陵山片区	石门县	1	1	1	1
武陵山片区	石阡县	1	1	0.965509	0.999107
武陵山片区	石柱县	1	0.599067	1	1

续表

片区	DMU	Cluster	Technology Gap Ratio（2000）	Technology Gap Ratio（2005）	Technology Gap Ratio（2010）
武陵山片区	思南县	6	1	1	1
武陵山片区	松桃县	6	0.779077	0.597017	0.608111
武陵山片区	绥宁县	2	1	1	1
武陵山片区	通道县	1	1	1	1
武陵山片区	万山特区	1	1	1	1
武陵山片区	五峰县	2	0.850755	0.979029	0.774243
武陵山片区	武冈市	2	1	1	0.8678
武陵山片区	武隆县	6	1	1	1
武陵山片区	务川县	2	0.554713	0.578231	0.857874
武陵山片区	咸丰县	2	1	0.995906	0.781144
武陵山片区	新化县	2	1	0.985986	0.915954
武陵山片区	新晃县	2	1	1	1
武陵山片区	新宁县	1	1	1	1
武陵山片区	新邵县	2	1	0.992315	0.918736
武陵山片区	秀山县	1	0.809009	0.884805	1
武陵山片区	溆浦县	2	1	1	1
武陵山片区	宣恩县	2	1	1	1
武陵山片区	沿河县	1	0.760523	0.891553	0.995724
武陵山片区	印江县	6	0.556908	0.616462	0.625709
武陵山片区	永顺县	1	0.703248	0.894599	1
武陵山片区	酉阳县	6	0.851607	0.58795	0.694846
武陵山片区	玉屏县	1	1	1	1
武陵山片区	沅陵县	2	1	1	1
武陵山片区	正安县	6	0.636009	0.608873	0.599224
武陵山片区	芷江县	2	1	0.997458	0.739868

续表

片区	DMU	Cluster	Technology Gap Ratio（2000）	Technology Gap Ratio（2005）	Technology Gap Ratio（2010）
武陵山片区	中方县	2	1	0.746758	1
武陵山片区	秭归县	1	1	1	1
乌蒙山片区	布拖县	1	1	1	1
乌蒙山片区	赤水市	3	1	1	1
乌蒙山片区	大方县	1	1	1	1
乌蒙山片区	古蔺县	1	1	1	1
乌蒙山片区	赫章县	6	1	1	0.982107
乌蒙山片区	会泽县	2	1	1	0.710978
乌蒙山片区	金阳县	1	1	1	1
乌蒙山片区	雷波县	1	1	1	1
乌蒙山片区	鲁甸县	1	1	1	1
乌蒙山片区	禄劝县	6	1	1	1
乌蒙山片区	马边县	1	1	1	1
乌蒙山片区	美姑县	3	1	0.853069	0.194329
乌蒙山片区	沐川县	2	1	1	1
乌蒙山片区	纳雍县	6	0.630087	1	1
乌蒙山片区	屏山县	1	1	1	1
乌蒙山片区	普格县	1	1	1	1
乌蒙山片区	七星关区	1	1	1	1
乌蒙山片区	黔西县	6	1	1	1
乌蒙山片区	巧家县	1	0.986215	0.978324	1
乌蒙山片区	绥江县	1	1	1	1
乌蒙山片区	桐梓县	6	1	0.746986	1
乌蒙山片区	威宁县	2	0.861855	1	0.843283
乌蒙山片区	威信县	1	1	1	1

续表

片区	DMU	Cluster	Technology Gap Ratio（2000）	Technology Gap Ratio（2005）	Technology Gap Ratio（2010）
乌蒙山片区	武定县	2	0.742701	0.544312	0.681645
乌蒙山片区	习水县	6	0.831726	0.682393	0.726315
乌蒙山片区	喜德县	1	1	1	1
乌蒙山片区	叙永县	2	1	1	1
乌蒙山片区	宣威市	1	0.971932	0.677971	1
乌蒙山片区	寻甸县	2	1	0.906253	0.934469
乌蒙山片区	盐津县	1	0.86379	1	1
乌蒙山片区	彝良县	1	1	1	1
乌蒙山片区	永善县	1	0.942143	0.516295	0.997694
乌蒙山片区	越西县	1	0.936634	0.822366	0.788788
乌蒙山片区	昭觉县	1	0.957117	0.95362	1
乌蒙山片区	昭阳区	2	1	1	1
乌蒙山片区	镇雄县	1	1	1	1
乌蒙山片区	织金县	1	1	1	0.788279
燕山太行山片区	承德县	2	0.972065	1	1
燕山太行山片区	大同县	2	1	1	1
燕山太行山片区	繁峙县	1	0.588612	1	1
燕山太行山片区	丰宁县	2	0.930952	0.780914	0.835948
燕山太行山片区	阜平县	2	1	0.806055	0.652622
燕山太行山片区	沽源县	1	0.660749	1	1
燕山太行山片区	广灵县	1	0.704081	1	1
燕山太行山片区	化德县	1	1	1	1
燕山太行山片区	怀安县	1	0.681005	0.767699	1
燕山太行山片区	浑源县	2	1	1	1
燕山太行山片区	康保县	2	1	1	1

续表

片区	DMU	Cluster	Technology Gap Ratio（2000）	Technology Gap Ratio（2005）	Technology Gap Ratio（2010）
燕山太行山片区	涞水县	2	0.884365	0.925434	0.675023
燕山太行山片区	涞源县	1	1	1	1
燕山太行山片区	灵丘县	6	1	1	1
燕山太行山片区	隆化县	2	0.920638	0.889121	1
燕山太行山片区	平泉县	1	1	1	1
燕山太行山片区	曲阳县	2	1	1	1
燕山太行山片区	商都县	2	1	0.820236	1
燕山太行山片区	尚义县	1	1	1	1
燕山太行山片区	顺平县	2	1	0.921936	0.725501
燕山太行山片区	唐县	2	1	0.892837	0.737048
燕山太行山片区	天镇县	6	1	1	1
燕山太行山片区	万全县	2	1	0.841189	0.76328
燕山太行山片区	望都县	6	1	1	1
燕山太行山片区	围场县	2	0.990119	0.93986	0.798681
燕山太行山片区	蔚县	2	1	1	1
燕山太行山片区	五台县	1	0.556183	0.618585	0.70138
燕山太行山片区	兴和县	1	1	1	1
燕山太行山片区	宣化县	1	1	1	1
燕山太行山片区	阳高县	1	0.594709	0.793214	1
燕山太行山片区	阳原县	1	0.74596	1	1
燕山太行山片区	易县	6	1	0.908564	1
燕山太行山片区	张北县	1	0.891757	0.911912	0.985337

附录3　2000—2010年连片特困地区技术缺口比率（农业部门）

片区	DMU	Cluster	Technology Gap Ratio（2000）	Technology Gap Ratio（2005）	Technology Gap Ratio（2010）
大别山片区	大悟县	2	1	0.943167	0.785279
大别山片区	郸城县	1	0.946694	0.990705	1
大别山片区	阜南县	1	1	0.989192	1
大别山片区	固始县	1	0.991659	1	1
大别山片区	光山县	1	0.966773	1	1
大别山片区	红安县	2	1	0.959536	0.937272
大别山片区	淮滨县	1	1	0.871878	0.97701
大别山片区	淮阳县	1	1	1	1
大别山片区	潢川县	1	0.969198	1	1
大别山片区	霍邱县	1	0.997461	1	1
大别山片区	金寨县	1	0.945561	0.897604	0.9694
大别山片区	兰考县	1	1	0.938971	1
大别山片区	利辛县	2	1	0.888317	0.879858
大别山片区	临泉县	1	1	1	1
大别山片区	罗田县	2	1	0.764347	0.857861
大别山片区	麻城市	2	1	0.780475	0.741253
大别山片区	民权县	1	1	1	1
大别山片区	宁陵县	2	1	1	1
大别山片区	蕲春县	2	1	0.774668	0.829563
大别山片区	潜山县	1	0.970116	0.900294	0.812719
大别山片区	商城县	1	0.941414	0.990593	1
大别山片区	商水县	1	1	0.990544	1
大别山片区	沈丘县	1	0.994518	1	1
大别山片区	寿县	1	0.989695	1	1
大别山片区	宿松县	1	0.941208	0.975787	1

续表

片区	DMU	Cluster	Technology Gap Ratio（2000）	Technology Gap Ratio（2005）	Technology Gap Ratio（2010）
大别山片区	太湖县	2	1	0.979356	0.929115
大别山片区	太康县	2	1	1	1
大别山片区	团风县	2	1	1	1
大别山片区	望江县	1	0.781269	0.931641	1
大别山片区	孝昌县	2	1	0.945973	0.818995
大别山片区	新蔡县	1	1	1	1
大别山片区	新县	1	1	1	1
大别山片区	英山县	2	1	1	1
大别山片区	颍上县	2	0.933441	0.889292	0.891627
大别山片区	岳西县	1	1	0.7485	0.692422
大别山片区	柘城县	1	1	1	1
大兴安岭片区	拜泉县	1	0.67037	0.998315	1
大兴安岭片区	大安市	1	0.769366	1	0.675598
大兴安岭片区	富裕县	1	1	0.940428	1
大兴安岭片区	甘南县	1	0.977607	0.963696	1
大兴安岭片区	科右前旗加阿尔山市	3	1	1	1
大兴安岭片区	科右中旗	2	1	1	1
大兴安岭片区	克东县	3	1	1	1
大兴安岭片区	兰西县	1	1	0.99824	1
大兴安岭片区	林甸县	1	0.997724	1	1
大兴安岭片区	龙江县	1	1	1	1
大兴安岭片区	明水县	1	1	1	1
大兴安岭片区	青冈县	1	0.995324	0.985191	1
大兴安岭片区	泰来县	1	0.978899	0.960426	1

续表

片区	DMU	Cluster	Technology Gap Ratio (2000)	Technology Gap Ratio (2005)	Technology Gap Ratio (2010)
大兴安岭片区	通榆县	1	1	0.98226	1
大兴安岭片区	突泉县	2	1	1	0.689671
大兴安岭片区	望奎县	1	1	1	1
大兴安岭片区	扎赉特旗	2	1	0.878873	0.793194
大兴安岭片区	镇赉县	1	1	1	1
滇桂黔片区	安龙县	6	0.706215	0.814914	0.733143
滇桂黔片区	巴马县	2	1	1	0.997062
滇桂黔片区	册亨县	6	0.807403	0.915073	1
滇桂黔片区	岑巩县	6	0.910368	0.861076	1
滇桂黔片区	长顺县	6	0.730921	0.938413	0.832654
滇桂黔片区	从江县	6	0.957499	0.939732	0.919722
滇桂黔片区	大化县	2	1	1	0.826435
滇桂黔片区	大新县	2	1	1	1
滇桂黔片区	丹寨县	6	1	1	1
滇桂黔片区	德保县	2	1	1	1
滇桂黔片区	东兰县	2	1	1	0.944082
滇桂黔片区	都安县	2	1	1	0.910013
滇桂黔片区	独山县	6	0.672636	1	0.864484
滇桂黔片区	凤山县	2	1	1	1
滇桂黔片区	富宁县	2	0.989843	1	0.965946
滇桂黔片区	关岭县	6	0.745193	1	1
滇桂黔片区	广南县	2	1	1	1
滇桂黔片区	贵定县	6	0.739623	0.87458	0.840855
滇桂黔片区	环江县	2	1	1	0.917331
滇桂黔片区	黄平县	6	0.691381	1	0.942369

续表

片区	DMU	Cluster	Technology Gap Ratio (2000)	Technology Gap Ratio (2005)	Technology Gap Ratio (2010)
滇桂黔片区	惠水县	6	1	0.831674	0.789936
滇桂黔片区	剑河县	6	0.835002	0.674129	0.965195
滇桂黔片区	锦屏县	6	0.825851	0.723729	0.989755
滇桂黔片区	靖西县	3	0.865084	0.790174	0.662508
滇桂黔片区	乐业县	2	1	1	0.999793
滇桂黔片区	雷山县	6	0.897958	1	0.99286
滇桂黔片区	黎平县	6	0.943531	0.923653	0.813696
滇桂黔片区	荔波县	6	0.77125	0.84746	0.744584
滇桂黔片区	凌云县	2	1	1	0.975663
滇桂黔片区	六枝特区	6	0.710023	0.884813	0.796589
滇桂黔片区	龙里县	6	0.706665	0.664382	1
滇桂黔片区	龙胜县	2	1	1	1
滇桂黔片区	龙州县	2	1	1	1
滇桂黔片区	隆安县	2	1	1	1
滇桂黔片区	隆林县	1	0.835335	0.518627	1
滇桂黔片区	泸西县	2	0.753717	0.847627	0.77014
滇桂黔片区	罗城县	2	1	1	0.996566
滇桂黔片区	罗甸县	6	0.737028	0.841763	0.800078
滇桂黔片区	罗平县	1	0.65741	0.791228	1
滇桂黔片区	麻江县	6	0.797489	1	0.915669
滇桂黔片区	麻栗坡县	2	0.983501	1	0.955554
滇桂黔片区	马关县	2	0.984191	1	0.896733
滇桂黔片区	马山县	2	1	1	1
滇桂黔片区	那坡县	2	1	1	0.951376
滇桂黔片区	宁明县	2	1	1	1

续表

片区	DMU	Cluster	Technology Gap Ratio（2000）	Technology Gap Ratio（2005）	Technology Gap Ratio（2010）
滇桂黔片区	平坝县	6	1	1	1
滇桂黔片区	平塘县	6	0. 735211	1	0. 802192
滇桂黔片区	屏边县	2	1	1	0. 695248
滇桂黔片区	普安县	6	0. 744	0. 824606	0. 810002
滇桂黔片区	普定县	6	0. 947879	0. 963146	0. 954013
滇桂黔片区	晴隆县	6	0. 79512	0. 940301	0. 8157
滇桂黔片区	丘北县	1	0. 890538	0. 717812	0. 992949
滇桂黔片区	榕江县	6	1	1	0. 766936
滇桂黔片区	融安县	2	1	1	1
滇桂黔片区	融水县	2	1	1	1
滇桂黔片区	三都县	6	0. 789544	0. 997471	0. 890181
滇桂黔片区	三江县	2	1	1	1
滇桂黔片区	三穗县	5	1	0. 833438	0. 891596
滇桂黔片区	上林县	2	1	1	1
滇桂黔片区	师宗县	1	1	0. 695141	1
滇桂黔片区	施秉县	6	0. 598423	1	1
滇桂黔片区	水城县	6	0. 775783	0. 906825	0. 765095
滇桂黔片区	台江县	6	1	1	0. 912906
滇桂黔片区	天等县	2	1	1	1
滇桂黔片区	天柱县	6	0. 934631	0. 800872	0. 801067
滇桂黔片区	田林县	2	1	1	1
滇桂黔片区	田阳县	2	1	1	1
滇桂黔片区	望谟县	6	0. 830512	1	0. 971857
滇桂黔片区	瓮安县	6	0. 74349	1	0. 75849
滇桂黔片区	西畴县	2	1	1	0. 747266

续表

片区	DMU	Cluster	Technology Gap Ratio（2000）	Technology Gap Ratio（2005）	Technology Gap Ratio（2010）
滇桂黔片区	西林县	2	1	1	1
滇桂黔片区	西秀区	6	1	1	1
滇桂黔片区	忻城县	2	1	1	1
滇桂黔片区	兴仁县	6	0. 846807	0. 83592	0. 816095
滇桂黔片区	砚山县	2	1	1	1
滇桂黔片区	贞丰县	6	0. 819836	0. 835436	0. 828954
滇桂黔片区	镇宁县	6	0. 682318	0. 987886	0. 869245
滇桂黔片区	镇远县	6	0. 675652	0. 678234	1
滇桂黔片区	资源县	2	1	1	1
滇桂黔片区	紫云县	6	0. 882989	0. 980067	1
滇西边境片区	宾川县	2	1	1	1
滇西边境片区	沧源县	2	1	1	1
滇西边境片区	昌宁县	2	1	1	1
滇西边境片区	大姚县	2	1	1	0. 990645
滇西边境片区	洱源县	2	1	1	0. 993336
滇西边境片区	凤庆县	2	1	1	1
滇西边境片区	福贡县	3	0. 713827	0. 510405	0. 428045
滇西边境片区	耿马县	2	1	1	1
滇西边境片区	贡山县	2	1	1	1
滇西边境片区	鹤庆县	1	0. 521864	0. 625744	0. 6724
滇西边境片区	红河县	2	1	0. 970428	0. 994104
滇西边境片区	剑川县	2	1	1	0. 863909
滇西边境片区	江城县	2	1	1	0. 959251
滇西边境片区	金平县	2	1	1	0. 99583
滇西边境片区	景东县	2	1	0. 987214	1

续表

片区	DMU	Cluster	Technology Gap Ratio（2000）	Technology Gap Ratio（2005）	Technology Gap Ratio（2010）
滇西边境片区	景谷县	1	0.494032	0.592236	1
滇西边境片区	兰坪县	2	1	1	1
滇西边境片区	澜沧县	2	1	1	1
滇西边境片区	梁河县	2	1	1	1
滇西边境片区	临翔县	2	1	1	1
滇西边境片区	龙陵县	2	1	1	1
滇西边境片区	隆阳区	2	1	1	1
滇西边境片区	陇川县	2	0.881042	0.990617	0.993762
滇西边境片区	泸水县	2	1	1	1
滇西边境片区	绿春县	1	0.519864	0.602294	0.713068
滇西边境片区	芒市	2	1	1	1
滇西边境片区	勐海县	2	1	1	1
滇西边境片区	勐腊县	2	1	1	1
滇西边境片区	孟连县	1	0.681001	0.884847	1
滇西边境片区	弥渡县	2	1	1	1
滇西边境片区	墨江县	1	0.525643	0.568127	0.726424
滇西边境片区	牟定县	2	1	1	1
滇西边境片区	南华县	2	1	1	0.992633
滇西边境片区	南涧县	2	1	0.962187	1
滇西边境片区	宁洱县	2	1	1	1
滇西边境片区	宁蒗县	2	1	0.962086	1
滇西边境片区	施甸县	2	1	0.977229	1
滇西边境片区	石屏县	2	1	1	1
滇西边境片区	双柏县	1	0.701232	0.807811	0.738007
滇西边境片区	双江县	2	1	1	1

续表

片区	DMU	Cluster	Technology Gap Ratio (2000)	Technology Gap Ratio (2005)	Technology Gap Ratio (2010)
滇西边境片区	巍山县	2	1	0.979125	1
滇西边境片区	西盟县	1	1	1	1
滇西边境片区	祥云县	2	1	1	1
滇西边境片区	漾濞县	2	1	1	1
滇西边境片区	姚安县	2	1	1	1
滇西边境片区	盈江县	2	1	1	1
滇西边境片区	永德县	2	1	1	1
滇西边境片区	永平县	2	1	0.999196	1
滇西边境片区	永仁县	2	1	1	1
滇西边境片区	永胜县	2	1	1	1
滇西边境片区	玉龙县	2	1	1	1
滇西边境片区	元阳县	2	1	0.957286	1
滇西边境片区	云龙县	2	1	0.981409	1
滇西边境片区	云县	2	1	1	1
滇西边境片区	镇康县	2	1	1	1
滇西边境片区	镇沅县	1	0.60444	1	0.833516
六盘山片区	长武县	1	1	0.660281	0.767696
六盘山片区	淳化县	1	1	1	1
六盘山片区	定西县	2	0.805298	1	0.878889
六盘山片区	东乡族县	1	1	1	1
六盘山片区	扶风县	2	1	1	1
六盘山片区	甘谷县	1	0.725513	0.911974	1
六盘山片区	皋兰县	2	0.969703	0.966507	0.565299
六盘山片区	古浪县	1	1	0.960472	1
六盘山片区	固原县	1	0.989751	0.974206	1

续表

片区	DMU	Cluster	Technology Gap Ratio (2000)	Technology Gap Ratio (2005)	Technology Gap Ratio (2010)
六盘山片区	广河县	1	0. 602066	1	0. 597624
六盘山片区	海原县	1	0. 929242	1	1
六盘山片区	合水县	1	0. 684553	0. 933244	0. 994911
六盘山片区	和政县	2	0. 997092	0. 548921	0. 465971
六盘山片区	互助县	1	1	1	1
六盘山片区	华池县	1	0. 567073	0. 922971	0. 988545
六盘山片区	化隆县	1	0. 746452	0. 877933	1
六盘山片区	环县	2	0. 972974	0. 995725	0. 864496
六盘山片区	湟源县	1	1	1	1
六盘山片区	湟中县	1	1	1	1
六盘山片区	会宁县	1	0. 946102	0. 953775	1
六盘山片区	积石山县	1	0. 873898	1	1
六盘山片区	泾川县	1	0. 850508	0. 75798	1
六盘山片区	泾源县	1	1	1	1
六盘山片区	景泰县	1	1	0. 781315	1
六盘山片区	靖远县	1	1	1	1
六盘山片区	静宁县	1	0. 839186	0. 933304	1
六盘山片区	康乐县	1	1	1	1
六盘山片区	乐都县	1	0. 733246	0. 906698	1
六盘山片区	临洮县	1	0. 810112	0. 962174	1
六盘山片区	临夏市	2	1	1	1
六盘山片区	临夏县	1	0. 777887	1	0. 950488
六盘山片区	麟游县	1	1	1	1
六盘山片区	灵台县	2	1	0. 790714	0. 653789
六盘山片区	隆德县	1	0. 532027	0. 688049	0. 906476

续表

片区	DMU	Cluster	Technology Gap Ratio（2000）	Technology Gap Ratio（2005）	Technology Gap Ratio（2010）
六盘山片区	陇西县	1	0.85099	0.945417	1
六盘山片区	陇县	2	0.986016	1	0.73954
六盘山片区	民和县	1	0.735684	1	1
六盘山片区	岷县	2	1	0.99629	0.742208
六盘山片区	宁县	1	0.929409	0.94207	1
六盘山片区	彭阳县	1	0.979669	1	1
六盘山片区	平凉市	1	0.780697	0.943396	1
六盘山片区	千阳县	2	1	1	1
六盘山片区	秦安县	1	0.943845	0.912543	1
六盘山片区	清水县	1	0.867003	0.985499	1
六盘山片区	庆阳县	1	0.805436	0.970945	1
六盘山片区	天水市市辖区	1	0.938017	0.950221	1
六盘山片区	通渭县	2	1	0.923097	0.724097
六盘山片区	同心县	1	0.960401	0.991204	1
六盘山片区	渭源县	1	0.760083	0.996296	1
六盘山片区	武山县	1	0.787228	0.930007	1
六盘山片区	西吉县	1	0.939932	0.997945	1
六盘山片区	循化县	1	0.539229	1	1
六盘山片区	永登县	2	0.862751	1	0.94315
六盘山片区	永靖县	1	0.911735	0.965244	0.982634
六盘山片区	永寿县	1	0.941771	0.835601	0.921792
六盘山片区	榆中县	1	0.90011	0.969622	1
六盘山片区	张家川县	1	1	0.998797	1
六盘山片区	漳县	2	1	1	0.679
六盘山片区	镇原县	1	0.933054	0.940509	1

续表

片区	DMU	Cluster	Technology Gap Ratio（2000）	Technology Gap Ratio（2005）	Technology Gap Ratio（2010）
六盘山片区	正宁县	1	0.754291	0.930881	1
六盘山片区	庄浪县	2	0.999934	1	0.701065
罗霄山片区	安仁县	2	1	1	1
罗霄山片区	安远县	2	1	1	1
罗霄山片区	茶陵县	1	1	1	1
罗霄山片区	赣县	2	1	1	0.968097
罗霄山片区	桂东县	2	1	1	1
罗霄山片区	会昌县	2	1	1	1
罗霄山片区	井冈山市	2	1	1	1
罗霄山片区	乐安县	2	0.985294	1	0.943915
罗霄山片区	莲花县	2	1	1	0.993984
罗霄山片区	南康市	2	1	1	1
罗霄山片区	宁都县	2	1	0.853387	1
罗霄山片区	汝城县	2	0.976654	1	0.975944
罗霄山片区	瑞金市	2	1	1	1
罗霄山片区	上犹县	2	1	1	1
罗霄山片区	石城县	2	1	1	1
罗霄山片区	遂川县	2	1	1	0.997067
罗霄山片区	万安县	2	1	1	0.947858
罗霄山片区	兴国县	2	1	1	1
罗霄山片区	寻乌县	1	0.787184	1	1
罗霄山片区	炎陵县	2	1	1	1
罗霄山片区	宜章县	1	0.855738	0.83758	0.698656
罗霄山片区	永新县	2	1	1	0.976763
罗霄山片区	于都县	2	1	0.986395	1

续表

片区	DMU	Cluster	Technology Gap Ratio（2000）	Technology Gap Ratio（2005）	Technology Gap Ratio（2010）
吕梁山片区	大宁县	6	1	1	1
吕梁山片区	汾西县	6	1	0.685087	0.530361
吕梁山片区	横山县	1	1	1	1
吕梁山片区	吉县	6	0.999006	0.990709	0.918821
吕梁山片区	佳县	1	1	1	1
吕梁山片区	静乐县	4	1	0.805273	0.44444
吕梁山片区	岢岚县	6	1	1	0.994578
吕梁山片区	岚县	6	1	0.907311	0.720781
吕梁山片区	临县	6	1	0.753561	0.586831
吕梁山片区	米脂县	1	1	1	1
吕梁山片区	清涧县	1	1	1	1
吕梁山片区	神池县	6	1	1	1
吕梁山片区	石楼县	6	1	0.989188	0.848986
吕梁山片区	绥德县	1	1	1	1
吕梁山片区	吴堡县	1	1	1	1
吕梁山片区	五寨县	6	1	0.970662	0.880808
吕梁山片区	隰县	6	1	1	0.704767
吕梁山片区	兴县	6	1	0.808802	0.697634
吕梁山片区	永和县	6	1	1	1
吕梁山片区	子洲县	1	1	1	1
秦巴山片区	巴州区	3	1	1	0.860013
秦巴山片区	白河县	3	1	0.906893	0.829881
秦巴山片区	保康县	2	1	1	1
秦巴山片区	北川县	2	1	1	1
秦巴山片区	苍溪县	2	0.940506	1	1

续表

片区	DMU	Cluster	Technology Gap Ratio (2000)	Technology Gap Ratio (2005)	Technology Gap Ratio (2010)
秦巴山片区	朝天区	2	1	1	1
秦巴山片区	成县	1	0. 727834	0. 872128	0. 785603
秦巴山片区	城固县	2	1	1	1
秦巴山片区	城口县	2	1	0. 98047	1
秦巴山片区	丹凤县	2	1	1	1
秦巴山片区	丹江口市	1	1	0. 734852	0. 834656
秦巴山片区	宕昌县	1	0. 652618	0. 333911	0. 452091
秦巴山片区	房县	2	1	0. 994357	1
秦巴山片区	奉节县	2	0. 9993	0. 993531	1
秦巴山片区	佛坪县	2	1	1	1
秦巴山片区	汉滨区	2	0. 897153	0. 997146	1
秦巴山片区	汉阴县	2	1	1	1
秦巴山片区	徽县	1	0. 783822	0. 846459	0. 744159
秦巴山片区	剑阁县	2	1	1	1
秦巴山片区	康县	2	1	1	1
秦巴山片区	岚皋县	2	1	1	1
秦巴山片区	礼县	1	0. 64174	0. 657555	0. 772781
秦巴山片区	两当县	2	1	1	1
秦巴山片区	留坝县	2	1	1	1
秦巴山片区	卢氏县	1	0. 802761	0. 937608	0. 814659
秦巴山片区	鲁山县	1	0. 701192	0. 820398	0. 853938
秦巴山片区	栾川县	1	0. 659507	0. 96808	0. 605673
秦巴山片区	略阳县	2	1	1	1
秦巴山片区	洛南县	2	1	1	1
秦巴山片区	洛宁县	1	0. 55717	0. 91427	0. 850339

续表

片区	DMU	Cluster	Technology Gap Ratio（2000）	Technology Gap Ratio（2005）	Technology Gap Ratio（2010）
秦巴山片区	勉县	2	1	1	1
秦巴山片区	内乡县	1	0.773049	1	1
秦巴山片区	南江县	2	0.967257	1	1
秦巴山片区	南召县	1	0.817817	0.908874	0.810958
秦巴山片区	南郑县	2	0.992694	0.99998	1
秦巴山片区	宁强县	2	1	1	1
秦巴山片区	宁陕县	2	1	1	1
秦巴山片区	平昌县	2	0.986235	1	1
秦巴山片区	平利县	2	1	1	1
秦巴山片区	平武县	2	1	1	1
秦巴山片区	青川县	2	1	1	1
秦巴山片区	汝阳县	1	1	1	1
秦巴山片区	山阳县	2	1	1	1
秦巴山片区	商南县	1	0.573682	0.67159	0.768612
秦巴山片区	商州区	2	0.986918	0.999276	1
秦巴山片区	石泉县	2	1	1	1
秦巴山片区	嵩县	1	0.774505	0.932235	0.892479
秦巴山片区	太白县	2	1	1	1
秦巴山片区	通江县	2	0.97006	1	1
秦巴山片区	万源市	2	0.988801	0.95283	1
秦巴山片区	旺苍县	2	0.990779	1	1
秦巴山片区	文县	1	0.817765	0.897348	0.766264
秦巴山片区	巫山县	1	0.877611	0.896959	0.828458
秦巴山片区	巫溪县	2	0.995036	0.983501	0.998926
秦巴山片区	武都区	1	0.65596	0.69017	0.737943

续表

片区	DMU	Cluster	Technology Gap Ratio (2000)	Technology Gap Ratio (2005)	Technology Gap Ratio (2010)
秦巴山片区	西和县	2	0.996571	1	1
秦巴山片区	西乡县	1	0.60244	0.748347	0.709021
秦巴山片区	淅川县	1	0.691212	0.902837	0.771773
秦巴山片区	宣汉县	2	1	1	1
秦巴山片区	旬阳县	2	0.996227	0.999257	1
秦巴山片区	洋县	1	0.565065	0.66938	0.716631
秦巴山片区	仪陇县	2	1	1	1
秦巴山片区	元坝区	2	1	1	1
秦巴山片区	云阳县	2	0.990891	0.996246	1
秦巴山片区	郧西县	2	0.996035	0.999414	1
秦巴山片区	郧县	2	0.998661	0.991893	1
秦巴山片区	镇安县	2	1	1	1
秦巴山片区	镇巴县	2	1	1	1
秦巴山片区	镇平县	2	1	1	1
秦巴山片区	镇坪县	2	1	1	1
秦巴山片区	周至县	2	1	1	1
秦巴山片区	竹山县	1	0.754099	0.810382	0.802224
秦巴山片区	竹溪县	1	0.65115	0.951973	1
秦巴山片区	紫阳县	2	1	1	1
秦巴山片区	柞水县	2	1	1	1
武陵山片区	安化县	1	0.886092	0.730422	0.957629
武陵山片区	巴东县	2	0.995545	0.984793	0.875827
武陵山片区	保靖县	1	0.608501	0.673296	1
武陵山片区	碧江区	6	0.818473	0.79897	1
武陵山片区	长阳县	2	0.993244	0.967541	0.81763

续表

片区	DMU	Cluster	Technology Gap Ratio (2000)	Technology Gap Ratio (2005)	Technology Gap Ratio (2010)
武陵山片区	辰溪县	2	0.964284	0.958136	0.848368
武陵山片区	城步县	1	0.595702	0.688107	0.638583
武陵山片区	慈利县	2	1	0.910056	0.816042
武陵山片区	道真县	5	0.692791	0.701459	0.763879
武陵山片区	德江县	6	0.720176	0.879927	1
武陵山片区	洞口县	2	1	1	1
武陵山片区	恩施市	2	0.998654	0.983531	0.884238
武陵山片区	丰都县	1	0.858961	0.871891	1
武陵山片区	凤冈县	6	0.748177	0.929031	1
武陵山片区	凤凰县	1	0.632115	0.556493	0.696899
武陵山片区	古丈县	2	0.741864	0.630241	0.723883
武陵山片区	鹤峰县	2	1	0.908734	0.857772
武陵山片区	花垣县	2	0.685557	0.634901	0.681165
武陵山片区	会同县	3	0.845687	0.962087	0.713149
武陵山片区	建始县	2	1	1	0.874123
武陵山片区	江口县	6	0.795862	0.755407	0.978202
武陵山片区	靖州县	2	1	1	1
武陵山片区	来凤县	2	0.92781	0.84713	0.775266
武陵山片区	利川市	2	1	0.962355	0.755332
武陵山片区	涟源市	1	1	0.944901	1
武陵山片区	龙山县	1	0.806682	0.712988	0.801499
武陵山片区	隆回县	1	0.902547	0.914899	0.956334
武陵山片区	泸溪县	2	0.883705	0.845079	0.754773
武陵山片区	麻阳县	2	0.896349	0.876236	0.724733
武陵山片区	湄潭县	5	1	1	1

续表

片区	DMU	Cluster	Technology Gap Ratio（2000）	Technology Gap Ratio（2005）	Technology Gap Ratio（2010）
武陵山片区	彭水县	2	1	0.99388	0.710913
武陵山片区	黔江	2	0.999049	0.981688	0.684455
武陵山片区	桑植县	2	1	0.992369	0.880001
武陵山片区	邵阳县	2	1	0.980532	0.97896
武陵山片区	石门县	1	0.79683	1	1
武陵山片区	石阡县	6	0.549735	0.890202	1
武陵山片区	石柱县	1	0.854467	0.917601	1
武陵山片区	思南县	6	0.652068	0.677778	0.89917
武陵山片区	松桃县	6	0.670836	0.801373	0.880734
武陵山片区	绥宁县	2	1	0.941147	0.76203
武陵山片区	通道县	2	0.971473	0.684319	0.710457
武陵山片区	万山特区	6	1	1	1
武陵山片区	五峰县	2	0.938836	1	1
武陵山片区	武冈市	2	1	1	1
武陵山片区	武隆县	2	1	0.975208	1
武陵山片区	务川县	6	0.759406	0.772102	0.990797
武陵山片区	咸丰县	2	0.936378	0.845299	0.83049
武陵山片区	新化县	1	0.663726	1	1
武陵山片区	新晃县	2	0.90751	0.816068	0.773207
武陵山片区	新宁县	2	1	1	0.917461
武陵山片区	新邵县	2	0.907316	0.976622	1
武陵山片区	秀山县	2	1	0.991114	0.747219
武陵山片区	溆浦县	3	1	1	1
武陵山片区	宣恩县	2	0.971508	0.962224	0.796271
武陵山片区	沿河县	6	0.703405	0.788137	0.924453

续表

片区	DMU	Cluster	Technology Gap Ratio (2000)	Technology Gap Ratio (2005)	Technology Gap Ratio (2010)
武陵山片区	印江县	6	0.757312	0.877117	0.974805
武陵山片区	永顺县	1	0.731287	0.776861	0.893459
武陵山片区	酉阳县	1	0.851424	0.852036	1
武陵山片区	玉屏县	6	1	1	1
武陵山片区	沅陵县	2	1	1	0.924072
武陵山片区	正安县	6	0.631825	0.831219	1
武陵山片区	芷江县	1	0.874156	0.791663	0.778469
武陵山片区	中方县	2	1	0.865255	0.697745
武陵山片区	秭归县	2	0.958207	0.883644	0.838734
乌蒙山片区	布拖县	2	1	1	0.987717
乌蒙山片区	赤水市	6	1	1	1
乌蒙山片区	大方县	6	0.987561	0.879867	0.846243
乌蒙山片区	大关县	2	1	1	0.959082
乌蒙山片区	古蔺县	2	1	1	1
乌蒙山片区	赫章县	6	1	1	0.856641
乌蒙山片区	会泽县	1	0.616151	0.644967	0.768987
乌蒙山片区	金阳县	2	1	1	1
乌蒙山片区	雷波县	2	1	1	0.987052
乌蒙山片区	鲁甸县	2	1	1	1
乌蒙山片区	禄劝县	2	1	1	1
乌蒙山片区	马边县	2	1	0.948816	0.939355
乌蒙山片区	美姑县	1	1	0.789656	1
乌蒙山片区	沐川县	2	1	1	1
乌蒙山片区	纳雍县	6	0.83265	0.847627	0.886984
乌蒙山片区	屏山县	2	1	1	1

续表

片区	DMU	Cluster	Technology Gap Ratio（2000）	Technology Gap Ratio（2005）	Technology Gap Ratio（2010）
乌蒙山片区	普格县	2	1	1	1
乌蒙山片区	七星关区	6	1	1	1
乌蒙山片区	黔西县	6	1	1	0.857258
乌蒙山片区	巧家县	2	1	1	0.961361
乌蒙山片区	绥江县	2	1	1	1
乌蒙山片区	桐梓县	5	1	0.764581	0.841894
乌蒙山片区	威宁县	6	1	1	1
乌蒙山片区	威信县	2	1	1	1
乌蒙山片区	武定县	2	0.998597	1	0.790086
乌蒙山片区	习水县	6	0.707697	0.806445	0.892716
乌蒙山片区	喜德县	2	1	1	1
乌蒙山片区	叙永县	2	1	1	1
乌蒙山片区	宣威市	2	1	1	1
乌蒙山片区	寻甸县	2	1	1	1
乌蒙山片区	盐津县	2	1	1	0.945845
乌蒙山片区	彝良县	2	1	1	1
乌蒙山片区	永善县	2	1	1	1
乌蒙山片区	越西县	2	1	1	0.891453
乌蒙山片区	昭觉县	2	1	1	0.870322
乌蒙山片区	昭阳区	2	1	1	0.893399
乌蒙山片区	镇雄县	2	1	0.731874	1
乌蒙山片区	织金县	6	1	1	0.891396
燕山太行山片区	承德县	1	0.91373	0.983312	0.879988
燕山太行山片区	大同县	1	1	1	1
燕山太行山片区	繁峙县	1	0.976179	1	0.942176
燕山太行山片区	丰宁县	1	0.909586	1	0.958174
燕山太行山片区	阜平县	1	0.985361	1	0.966605
燕山太行山片区	沽源县	1	1	1	1

续表

片区	DMU	Cluster	Technology Gap Ratio（2000）	Technology Gap Ratio（2005）	Technology Gap Ratio（2010）
燕山太行山片区	广灵县	1	0.994661	1	1
燕山太行山片区	化德县	2	1	1	1
燕山太行山片区	怀安县	1	0.92701	0.997982	0.937137
燕山太行山片区	浑源县	2	0.968455	1	1
燕山太行山片区	康保县	1	0.94648	0.811341	0.819783
燕山太行山片区	涞水县	1	1	1	0.99905
燕山太行山片区	涞源县	2	0.990702	0.920891	0.874023
燕山太行山片区	灵丘县	1	0.96804	0.93594	1
燕山太行山片区	隆化县	1	0.824187	1	1
燕山太行山片区	平泉县	6	0.600286	1	1
燕山太行山片区	曲阳县	2	1	1	0.832124
燕山太行山片区	商都县	2	1	1	1
燕山太行山片区	尚义县	6	1	0.83043	0.711324
燕山太行山片区	顺平县	2	1	0.952161	0.727898
燕山太行山片区	唐县	1	0.919838	0.972163	0.888235
燕山太行山片区	天镇县	1	0.965631	0.983612	0.728816
燕山太行山片区	万全县	1	0.878207	0.981051	0.959922
燕山太行山片区	望都县	1	1	1	1
燕山太行山片区	围场县	6	0.6138	0.992309	1
燕山太行山片区	蔚县	1	0.889016	1	0.997874
燕山太行山片区	五台县	1	0.978377	0.974902	0.741137
燕山太行山片区	兴和县	6	0.716677	0.842213	0.768691
燕山太行山片区	宣化县	6	1	1	1
燕山太行山片区	阳高县	6	0.495308	1	0.761423
燕山太行山片区	阳原县	6	0.604421	0.786542	0.762855
燕山太行山片区	易县	1	1	1	0.816303
燕山太行山片区	张北县	6	0.60671	1	0.973415

附录 4　2000—2010 年连片特困环境压力影响因素分析结果

name:大别山片区

```
      log:  C:\数据\kl\面板数据 岭回归\data\11group.log
 log type:  text
resumed on:  28 Feb 2016,22:51:26

.

. neweyvif

    Variable |       VIF       1/VIF
-------------+----------------------
       GDPln |     14.44    0.069240
      GDPln2 |      9.05    0.110437
     tech2ln |      3.33    0.299878
     tech1ln |      2.45    0.407679
   popsourln |      1.99    0.503252
-------------+----------------------
    Mean VIF |      6.25

.

. rxridge environmentln popsourln GDPln tech1ln tech2ln GDPln2
RXridge:  Shrinkage Path has Qshape = 0.00
RXridge:  Adjusted response sum-of-squares =         107
RXridge:  OLS Residual Variance = .62748711
RXridge:  Variance of Principal Correlations = .00586437
MCAL =   0.000... True   OLS Summed SMSE = .29226273
MCAL =   0.250... Estimated Summed SMSE = .22496142
MCAL =   0.500... Estimated Summed SMSE = .18253193
MCAL =   0.750... Estimated Summed SMSE = .16090885
MCAL =   1.000... Estimated Summed SMSE = .15667081
MCAL =   1.250... Estimated Summed SMSE = .16600759
MCAL =   1.500... Estimated Summed SMSE = .18633364
MCAL =   1.750... Estimated Summed SMSE = .21599206
MCAL =   2.000... Estimated Summed SMSE = .25399148
```

```
MCAL =   2.250...  Estimated Summed SMSE =    .2998766
MCAL =   2.500...  Estimated Summed SMSE = .35508587
MCAL =   2.750...  Estimated Summed SMSE = .41715582
MCAL =   3.000...  Estimated Summed SMSE = .48488352
MCAL =   3.250...  Estimated Summed SMSE =    .5567435
MCAL =   3.500...  Estimated Summed SMSE = .63094118
MCAL =   3.750...  Estimated Summed SMSE = .70551268
MCAL =   4.000...  Estimated Summed SMSE = .77846897
MCAL =   4.250...  Estimated Summed SMSE = .84798238
MCAL =   4.500...  Estimated Summed SMSE = .91258823
MCAL =   4.750...  Estimated Summed SMSE = .97134349
MCAL =   5.000...  Estimated Summed SMSE =   1.023883
RXridge:   Shrinkage Coefficients...
obs was 0, now 21
(15 missing values generated)
file rxridge1.dta saved
RXridge:   Scaled MSE Risk Estimates...
obs was 0, now 21
(15 missing values generated)
file rxridge2.dta saved
RXridge:   Excess Eigenvalue Estimates...
obs was 0, now 21
(15 missing values generated)
file rxridge3.dta saved
RXridge:   Inferior Direction Cosine Estimates...
obs was 0, now 21
(15 missing values generated)
file rxridge4.dta saved
RXridge:   Shrinkage DELTA Factors...
obs was 0, now 21
(15 missing values generated)
file rxridge5.dta saved
```

RXridge:　Estimated Sigma = . 79214084

RXridge:　Uncorrelated Components. . .　　　　　　　　Number of obs =　　　0

----

environmen ~ n	Coef.	Std. Err.	t	P > |t|	[95% Conf.	Interval]
c1	. 1130104	. 0424328	2. 66	0. 009	. 0288452	. 1971756
c2	. 4476308	. 0728544	6. 14	0. 000	. 3031244	. 5921371
c3	-. 5712602	. 1233346	-4. 63	0. 000	-. 8158939	-. 3266265
c4	-. 1181049	. 1677119	-0. 70	0. 483	-. 4507607	. 2145509
c5	. 4792947	. 364615	1. 31	0. 192	-. 2439174	1. 202507

----

name:大兴安岭片区

log:　C:\数据\kl\面板数据 岭回归\data\11group. log

log type:　text

resumed on:　28 Feb 2016,22:51:28

.

. neweyvif

Variable	VIF	1/VIF
GDPln	5. 73	0. 174552
GDPln2	5. 24	0. 190910
tech1ln	1. 94	0. 516155
tech2ln	1. 77	0. 566447
popsourln	1. 05	0. 948555
Mean VIF	3. 14	

.

. rxridge environmentln popsourln GDPln tech1ln tech2ln GDPln2

RXridge:　Shrinkage Path has Qshape = 0. 00

RXridge:　Adjusted response sum-of-squares =　　　　53

```
RXridge:  OLS Residual Variance = .62917394
RXridge:  Variance of Principal Correlations = .01187121
MCAL =  0.000...  True  OLS Summed SMSE = .29667991
MCAL =  0.250...  Estimated Summed SMSE = .24207098
MCAL =  0.500...  Estimated Summed SMSE = .20745559
MCAL =  0.750...  Estimated Summed SMSE = .18810582
MCAL =  1.000...  Estimated Summed SMSE = .17986878
MCAL =  1.250...  Estimated Summed SMSE = .17948331
MCAL =  1.500...  Estimated Summed SMSE = .18468126
MCAL =  1.750...  Estimated Summed SMSE = .19409353
MCAL =  2.000...  Estimated Summed SMSE = .20705027
MCAL =  2.250...  Estimated Summed SMSE = .22336258
MCAL =  2.500...  Estimated Summed SMSE = .24313434
MCAL =  2.750...  Estimated Summed SMSE = .27193352
MCAL =  3.000...  Estimated Summed SMSE = .30590751
MCAL =  3.250...  Estimated Summed SMSE = .34644281
MCAL =  3.500...  Estimated Summed SMSE = .39259274
MCAL =  3.750...  Estimated Summed SMSE = .44388703
MCAL =  4.000...  Estimated Summed SMSE = .49994011
MCAL =  4.250...  Estimated Summed SMSE = .56017199
MCAL =  4.500...  Estimated Summed SMSE =  .6238712
MCAL =  4.750...  Estimated Summed SMSE = .69029536
MCAL =  5.000...  Estimated Summed SMSE = .75877978
RXridge:  Shrinkage Coefficients...
obs was 0, now 21
(15 missing values generated)
file rxridge1.dta saved
RXridge:  Scaled MSE Risk Estimates...
obs was 0, now 21
(15 missing values generated)
file rxridge2.dta saved
RXridge:  Excess Eigenvalue Estimates...
```

obs was 0,now 21

(15 missing values generated)

file rxridge3. dta saved

RXridge:　Inferior Direction Cosine Estimates...

obs was 0,now 21

(15 missing values generated)

file rxridge4. dta saved

RXridge:　Shrinkage DELTA Factors...

obs was 0,now 21

(15 missing values generated)

file rxridge5. dta saved

RXridge:　Estimated Sigma = .79320485

RXridge:　Uncorrelated Components...　　　　Number of obs = 0

environmen~n	Coef.	Std. Err.	t	P>|t|	[95% Conf.	Interval]
c1	.2292136	.0629984	3.64	0.001	.1025469	.3558803
c2	.4625399	.1089324	4.25	0.000	.2435166	.6815632
c3	-.2319228	.1580671	-1.47	0.149	-.549738	.0858924
c4	-.1326062	.1655627	-0.80	0.427	-.4654923	.20028
c5	.5076041	.3441395	1.47	0.147	-.1843347	1.199543

.

.

name:滇桂黔片区

log:　C:\数据\kl\面板数据 岭回归\data\11group. log

log type:　text

resumed on:　28 Feb 2016,22:51:31

.

. neweyvif

```
    Variable |       VIF       1/VIF
-------------+----------------------
       GDPln |     14.73    0.067870
      GDPln2 |     12.85    0.077832
     tech2ln |      1.94    0.516396
     tech1ln |      1.91    0.524049
   popsourln |      1.04    0.961982
-------------+----------------------
    Mean VIF |      6.49

.

. rxridge environmentln popsourln GDPln tech1ln tech2ln GDPln2
RXridge:   Shrinkage Path has Qshape = 0.00
RXridge:   Adjusted response sum-of-squares =          239
RXridge:   OLS Residual Variance = .60109069
RXridge:   Variance of Principal Correlations = .00251502
MCAL =   0.000...  True   OLS Summed SMSE = .13584352
MCAL =   0.250...  Estimated Summed SMSE = .14854784
MCAL =   0.500...  Estimated Summed SMSE = .25788807
MCAL =   0.750...  Estimated Summed SMSE = .42436404
MCAL =   1.000...  Estimated Summed SMSE = .60640009
MCAL =   1.250...  Estimated Summed SMSE = .77342872
MCAL =   1.500...  Estimated Summed SMSE = .91278578
MCAL =   1.750...  Estimated Summed SMSE = 1.0252136
MCAL =   2.000...  Estimated Summed SMSE = 1.1168202
MCAL =   2.250...  Estimated Summed SMSE = 1.1942955
MCAL =   2.500...  Estimated Summed SMSE = 1.2632567
MCAL =   2.750...  Estimated Summed SMSE = 1.3280048
MCAL =   3.000...  Estimated Summed SMSE = 1.3916752
MCAL =   3.250...  Estimated Summed SMSE = 1.4564016
MCAL =   3.500...  Estimated Summed SMSE = 1.5234146
MCAL =   3.750...  Estimated Summed SMSE = 1.5934174
MCAL =   4.000...  Estimated Summed SMSE = 1.6664491
```

MCAL = 4. 250... Estimated Summed SMSE = 1. 740586

MCAL = 4. 500... Estimated Summed SMSE = 1. 8143788

MCAL = 4. 750... Estimated Summed SMSE = 1. 886287

MCAL = 5. 000... Estimated Summed SMSE = 1. 954958

RXridge: Shrinkage Coefficients...

obs was 0, now 21

(15 missing values generated)

file rxridge1. dta saved

RXridge: Scaled MSE Risk Estimates...

obs was 0, now 21

(15 missing values generated)

file rxridge2. dta saved

RXridge: Excess Eigenvalue Estimates...

obs was 0, now 21

(15 missing values generated)

file rxridge3. dta saved

RXridge: Inferior Direction Cosine Estimates...

obs was 0, now 21

(15 missing values generated)

file rxridge4. dta saved

RXridge: Shrinkage DELTA Factors...

obs was 0, now 21

(15 missing values generated)

file rxridge5. dta saved

RXridge: Estimated Sigma = . 77530039

RXridge: Uncorrelated Components... Number of obs = 0

environmen ~ n	Coef.	Std. Err.	t	P > |t|	[95% Conf.	Interval]
c1	. 0723446	. 0287325	2. 52	0. 012	. 0157371	. 1289521
c2	. 5936843	. 0495527	11. 98	0. 000	. 4960579	. 6913108
c3	-. 0423733	. 0718746	-0. 59	0. 556	-. 1839773	. 0992308

```
         c4 |    .0075066   .0788119    0.10   0.924   -.1477649     .162778
         c5 |    .946546    .2588358    3.66   0.000    .4365997    1.456492
------------------------------------------------------------------------------
------------------------------------------------------------------------------
------------------------------------------------------------------------------
     name:滇西边境片区
      log:  C:\数据\kl\面板数据 岭回归\data\11group.log
 log type:  text
resumed on:  28 Feb 2016,22:51:34

.

. neweyvif
    Variable |       VIF       1/VIF
-------------+----------------------
       GDPln |      15.28    0.065433
      GDPln2 |      13.89    0.071968
     tech1ln |       3.45    0.289681
     tech2ln |       1.60    0.623091
   popsourln |       1.10    0.911751
-------------+----------------------
    Mean VIF |       7.07

.

. rxridge environmentln popsourln GDPln tech1ln tech2ln GDPln2,
RXridge:  Shrinkage Path has Qshape =0.00
RXridge:  Adjusted response sum-of-squares =         167
RXridge:  OLS Residual Variance =    .7552494
RXridge:  Variance of Principal Correlations =.00452245
MCAL =   0.000... True   OLS Summed SMSE =.21156628
MCAL =   0.250... Estimated Summed SMSE =.16478936
MCAL =   0.500... Estimated Summed SMSE =.15102743
MCAL =   0.750... Estimated Summed SMSE =.16278764
MCAL =   1.000... Estimated Summed SMSE =.19260834
MCAL =   1.250... Estimated Summed SMSE =.23428841
```

```
MCAL =  1.500... Estimated Summed SMSE = .28336599
MCAL =  1.750... Estimated Summed SMSE = .33671478
MCAL =  2.000... Estimated Summed SMSE = .39978666
MCAL =  2.250... Estimated Summed SMSE = .46408078
MCAL =  2.500... Estimated Summed SMSE = .52630734
MCAL =  2.750... Estimated Summed SMSE = .58520578
MCAL =  3.000... Estimated Summed SMSE = .64021413
MCAL =  3.250... Estimated Summed SMSE =   .6912823
MCAL =  3.500... Estimated Summed SMSE = .73868277
MCAL =  3.750... Estimated Summed SMSE = .78285609
MCAL =  4.000... Estimated Summed SMSE = .82470903
MCAL =  4.250... Estimated Summed SMSE =   .8648526
MCAL =  4.500... Estimated Summed SMSE = .90310451
MCAL =  4.750... Estimated Summed SMSE = .93989115
MCAL =  5.000... Estimated Summed SMSE = .97566007
RXridge:  Shrinkage Coefficients...
obs was 0, now 21
(15 missing values generated)
file rxridge1.dta saved
RXridge:  Scaled MSE Risk Estimates...
obs was 0, now 21
(15 missing values generated)
file rxridge2.dta saved
RXridge:  Excess Eigenvalue Estimates...
obs was 0, now 21
(15 missing values generated)
file rxridge3.dta saved
RXridge:  Inferior Direction Cosine Estimates...
obs was 0, now 21
(15 missing values generated)
file rxridge4.dta saved
RXridge:  Shrinkage DELTA Factors...
```

```
obs was 0,now 21
(15 missing values generated)
file rxridge5. dta saved
RXridge:   Estimated Sigma = . 86905086
RXridge:   Uncorrelated Components. . .                    Number of obs =        0
-----------------------------------------------------------------------------
environmen ~ n |      Coef.   Std. Err.       t    P > |t|     [95% Conf. Interval]
-------------+---------------------------------------------------------------
          c1 |   . 1778218   . 0379075    4. 69   0. 000    . 1029652    . 2526783
          c2 |   . 2727006   . 0656034    4. 16   0. 000    . 1431524    . 4022487
          c3 |  -. 0300883   . 0893955   -0. 34   0. 737     . 206619    . 1464424
          c4 |  -. 6187705   . 1505821   -4. 11   0. 000   -. 9161273   -. 3214137
          c5 |   . 5915616    . 351252    1. 68   0. 094   -. 1020613    1. 285185
-----------------------------------------------------------------------------
.
.
-----------------------------------------------------------------------------
-----------------------------------------------------------------------------
      name:六盘山片区
       log:  C:\数据\kl\面板数据 岭回归\data\11group. log
  log type:  text
 resumed on:  28 Feb 2016,22:51:37
.
. neweyvif
    Variable |       VIF       1/VIF
-------------+----------------------
       GDPln |      6. 42    0. 155781
      GDPln2 |      6. 07    0. 164856
     tech1ln |      2. 53    0. 395187
     tech2ln |      2. 12    0. 470755
   popsourln |      1. 15    0. 866235
-------------+----------------------
```

```
Mean VIF |        3.66

.
. rxridge environmentln popsourln GDPln tech1ln tech2ln GDPln2
RXridge:   Shrinkage Path has Qshape = 0.00
RXridge:   Adjusted response sum-of-squares =          182
RXridge:   OLS Residual Variance = .23157282
RXridge:   Variance of Principal Correlations = .00127238
MCAL =   0.000...  True    OLS Summed SMSE = .10051801
MCAL =   0.250...  Estimated Summed SMSE = .09091994
MCAL =   0.500...  Estimated Summed SMSE = .10170923
MCAL =   0.750...  Estimated Summed SMSE =    .1299095
MCAL =   1.000...  Estimated Summed SMSE = .17371876
MCAL =   1.250...  Estimated Summed SMSE = .23274222
MCAL =   1.500...  Estimated Summed SMSE = .30804726
MCAL =   1.750...  Estimated Summed SMSE = .40206782
MCAL =   2.000...  Estimated Summed SMSE = .51840206
MCAL =   2.250...  Estimated Summed SMSE = .66434011
MCAL =   2.500...  Estimated Summed SMSE = .84544587
MCAL =   2.750...  Estimated Summed SMSE = 1.0628682
MCAL =   3.000...  Estimated Summed SMSE = 1.3199351
MCAL =   3.250...  Estimated Summed SMSE = 1.6180222
MCAL =   3.500...  Estimated Summed SMSE = 1.9553314
MCAL =   3.750...  Estimated Summed SMSE =    2.325837
MCAL =   4.000...  Estimated Summed SMSE = 2.7189625
MCAL =   4.250...  Estimated Summed SMSE = 3.1205746
MCAL =   4.500...  Estimated Summed SMSE = 3.5154035
MCAL =   4.750...  Estimated Summed SMSE = 3.8901044
MCAL =   5.000...  Estimated Summed SMSE = 4.2355876
RXridge:   Shrinkage Coefficients...
obs was 0, now 21
(15 missing values generated)
file rxridge1.dta saved
```

RXridge: Scaled MSE Risk Estimates...

obs was 0, now 21

(15 missing values generated)

file rxridge2. dta saved

RXridge: Excess Eigenvalue Estimates...

obs was 0, now 21

(15 missing values generated)

file rxridge3. dta saved

RXridge: Inferior Direction Cosine Estimates...

obs was 0, now 21

(15 missing values generated)

file rxridge4. dta saved

RXridge: Shrinkage DELTA Factors...

obs was 0, now 21

(15 missing values generated)

file rxridge5. dta saved

RXridge: Estimated Sigma = . 48122014

RXridge: Uncorrelated Components... Number of obs = 0

environmen ~ n	Coef.	Std. Err.	t	P > |t|	[95% Conf.	Interval]
c1	-. 0957323	. 0194831	-4. 91	0. 000	-. 1341814	-. 0572833
c2	. 9111091	. 0384335	23. 71	0. 000	. 8352622	. 986956
c3	-. 0441749	. 0573181	-0. 77	0. 442	-. 1572898	. 0689399
c4	-. 2474477	. 0642165	-3. 85	0. 000	-. 3741761	-. 1207192
c5	. 3212319	. 1183697	2. 71	0. 007	. 0876343	. 5548295

.

name:罗霄山片区

log: C:\数据\kl\面板数据 岭回归\data\11group. log

```
  log type:  text
resumed on:  28 Feb 2016,22:51:39

.

. neweyvif

    Variable |       VIF       1/VIF
-------------+----------------------
      GDPln2 |     13.10    0.076340
       GDPln |     12.74    0.078516
    tech1ln |      2.65    0.377013
     tech2ln |      1.44    0.694259
   popsourln |      1.10    0.907374
-------------+----------------------
    Mean VIF |      6.21

.

. rxridge environmentln popsourln GDPln tech1ln tech2ln GDPln2
RXridge:   Shrinkage Path has Qshape = 0.00
RXridge:   Adjusted response sum-of-squares =          68
RXridge:   OLS Residual Variance = .50074576
RXridge:   Variance of Principal Correlations = .00736391
MCAL =   0.000... True   OLS Summed SMSE =   .4563317
MCAL =   0.250... Estimated Summed SMSE = .33935965
MCAL =   0.500... Estimated Summed SMSE =   .2740677
MCAL =   0.750... Estimated Summed SMSE = .25770748
MCAL =   1.000... Estimated Summed SMSE = .28667441
MCAL =   1.250... Estimated Summed SMSE = .35432558
MCAL =   1.500... Estimated Summed SMSE = .45326034
MCAL =   1.750... Estimated Summed SMSE = .57535561
MCAL =   2.000... Estimated Summed SMSE = .71265321
MCAL =   2.250... Estimated Summed SMSE = .85817731
MCAL =   2.500... Estimated Summed SMSE = 1.0064153
MCAL =   2.750... Estimated Summed SMSE = 1.1534101
MCAL =   3.000... Estimated Summed SMSE = 1.2965704
```

```
MCAL =   3.250...  Estimated Summed SMSE = 1.4343531
MCAL =   3.500...  Estimated Summed SMSE = 1.5659451
MCAL =   3.750...  Estimated Summed SMSE = 1.6910164
MCAL =   4.000...  Estimated Summed SMSE = 1.8095665
MCAL =   4.250...  Estimated Summed SMSE = 1.9218523
MCAL =   4.500...  Estimated Summed SMSE = 2.0283702
MCAL =   4.750...  Estimated Summed SMSE =   2.129855
MCAL =   5.000...  Estimated Summed SMSE =   2.227266
RXridge:   Shrinkage Coefficients...
obs was 0, now 21
(15 missing values generated)
file rxridge1.dta saved
RXridge:   Scaled MSE Risk Estimates...
obs was 0, now 21
(15 missing values generated)
file rxridge2.dta saved
RXridge:   Excess Eigenvalue Estimates...
obs was 0, now 21
(15 missing values generated)
file rxridge3.dta saved
RXridge:   Inferior Direction Cosine Estimates...
obs was 0, now 21
(15 missing values generated)
file rxridge4.dta saved
RXridge:   Shrinkage DELTA Factors...
obs was 0, now 21
(15 missing values generated)
file rxridge5.dta saved
RXridge:   Estimated Sigma = .70763392
RXridge:   Uncorrelated Components...                  Number of obs =        0
------------------------------------------------------------------------------
environmen ~ n |        Coef.   Std. Err.       t    P>|t|     [95% Conf. Interval]
```

```
-------------+----------------------------------------------------------------
         c1 |   .2300532   .0501837     4.58   0.000     .1297691    .3303374
         c2 |   .2626092   .0834543     3.15   0.003     .0958391    .4293793
         c3 |   .4118955   .1004144     4.10   0.000     .2112333    .6125577
         c4 |  -.8340948   .1725946    -4.83   0.000    -1.178998   -.4891921
         c5 |  -.5517898   .4232626    -1.30   0.197    -1.397613    .2940329
------------------------------------------------------------------------------
------------------------------------------------------------------------------
------------------------------------------------------------------------------
      name:吕梁山片区
       log:  C:\数据\kl\面板数据 岭回归\data\11group.log
  log type:  text
resumed on:  28 Feb 2016,22:51:42

.

. neweyvif

    Variable |       VIF       1/VIF
-------------+----------------------
      GDPln |       8.29    0.120674
     GDPln2 |       6.44    0.155235
    tech1ln |       3.20    0.312860
    tech2ln |       2.56    0.390565
   popsourln |       2.00    0.499301
-------------+----------------------
    Mean VIF |       4.50

.

. rxridge environmentln popsourln GDPln tech1ln tech2ln GDPln2
RXridge:   Shrinkage Path has Qshape = 0.00
RXridge:   Adjusted response sum-of-squares =             59
RXridge:   OLS Residual Variance = .94084345
RXridge:   Variance of Principal Correlations =    .0159465
MCAL =   0.000... True    OLS Summed SMSE = .38115477
MCAL =   0.250... Estimated Summed SMSE =   .3129191
```

MCAL = 0. 500... Estimated Summed SMSE = . 25948722

MCAL = 0. 750... Estimated Summed SMSE = . 21978144

MCAL = 1. 000... Estimated Summed SMSE = . 19278396

MCAL = 1. 250... Estimated Summed SMSE = . 17750762

MCAL = 1. 500... Estimated Summed SMSE = . 17313292

MCAL = 1. 750... Estimated Summed SMSE = . 17866951

MCAL = 2. 000... Estimated Summed SMSE = . 19276575

MCAL = 2. 250... Estimated Summed SMSE = . 21397453

MCAL = 2. 500... Estimated Summed SMSE = . 24064655

MCAL = 2. 750... Estimated Summed SMSE = . 27097941

MCAL = 3. 000... Estimated Summed SMSE = . 30311942

MCAL = 3. 250... Estimated Summed SMSE = . 3353056

MCAL = 3. 500... Estimated Summed SMSE = . 36602585

MCAL = 3. 750... Estimated Summed SMSE = . 39414442

MCAL = 4. 000... Estimated Summed SMSE = . 41896757

MCAL = 4. 250... Estimated Summed SMSE = . 44023734

MCAL = 4. 500... Estimated Summed SMSE = . 45806412

MCAL = 4. 750... Estimated Summed SMSE = . 47281955

MCAL = 5. 000... Estimated Summed SMSE = . 48501658

RXridge: Shrinkage Coefficients...

obs was 0, now 21

(15 missing values generated)

file rxridge1. dta saved

RXridge: Scaled MSE Risk Estimates...

obs was 0, now 21

(15 missing values generated)

file rxridge2. dta saved

RXridge: Excess Eigenvalue Estimates...

obs was 0, now 21

(15 missing values generated)

file rxridge3. dta saved

RXridge: Inferior Direction Cosine Estimates...

```
obs was 0, now 21
(15 missing values generated)
file rxridge4. dta saved
RXridge:  Shrinkage DELTA Factors...
obs was 0, now 21
(15 missing values generated)
file rxridge5. dta saved
RXridge:  Estimated Sigma = . 96997085
RXridge:  Uncorrelated Components...                    Number of obs =      0
------------------------------------------------------------------------------
environmen ~ n |      Coef.   Std. Err.      t    P > |t|     [95% Conf. Interval]
-------------+----------------------------------------------------------------
          c1 |  -. 0248213   . 068296   -0. 36   0. 718   -. 1617466     . 112104
          c2 |   . 0795577  . 1256388    0. 63   0. 529    -. 172333    . 3314485
          c3 |  -. 3993958  . 2341347   -1. 71   0. 094   -. 8688077    . 0700161
          c4 |  -. 6435551  . 2809195   -2. 29   0. 026   -1. 206765   -. 0803454
          c5 |  -. 0616267  . 4521312   -0. 14   0. 892   -. 9680953    . 8448419
------------------------------------------------------------------------------
.
------------------------------------------------------------------------------
------------------------------------------------------------------------------
      name:秦巴山片区
       log:  C:\数据\kl\面板数据 岭回归\data\11group. log
  log type:  text
resumed on:  28 Feb 2016, 22:51:44
.
. neweyvif
    Variable |       VIF       1/VIF
-------------+----------------------
       GDPln |      6. 78    0. 147598
      GDPln2 |      6. 33    0. 158011
     tech1ln |      3. 17    0. 315098
```

```
     tech2ln |        3.08      0.325178
   popsourln |        1.05      0.955353
-------------+----------------------
    Mean VIF |        4.08

.

. rxridge environmentln popsourln GDPln tech1ln tech2ln GDPln2
RXridge:   Shrinkage Path has Qshape = 0.00
RXridge:   Adjusted response sum-of-squares =          224
RXridge:   OLS Residual Variance =.64273934
RXridge:   Variance of Principal Correlations =.00286937
MCAL =    0.000...  True    OLS Summed SMSE =.09106888
MCAL =    0.250...  Estimated Summed SMSE =.07865317
MCAL =    0.500...  Estimated Summed SMSE =.07516938
MCAL =    0.750...  Estimated Summed SMSE =.07963108
MCAL =    1.000...  Estimated Summed SMSE =.09125129
MCAL =    1.250...  Estimated Summed SMSE =.11056659
MCAL =    1.500...  Estimated Summed SMSE =.13675937
MCAL =    1.750...  Estimated Summed SMSE =.16939215
MCAL =    2.000...  Estimated Summed SMSE =.20812275
MCAL =    2.250...  Estimated Summed SMSE =.25263922
MCAL =    2.500...  Estimated Summed SMSE =.30265463
MCAL =    2.750...  Estimated Summed SMSE =.35788926
MCAL =    3.000...  Estimated Summed SMSE =.41801951
MCAL =    3.250...  Estimated Summed SMSE =.48257349
MCAL =    3.500...  Estimated Summed SMSE =.55077577
MCAL =    3.750...  Estimated Summed SMSE =.62139436
MCAL =    4.000...  Estimated Summed SMSE =.69269718
MCAL =    4.250...  Estimated Summed SMSE =.76262207
MCAL =    4.500...  Estimated Summed SMSE =.82915547
MCAL =    4.750...  Estimated Summed SMSE =.89075729
MCAL =    5.000...  Estimated Summed SMSE =.94661633
RXridge:   Shrinkage Coefficients...
```

obs was 0, now 21

(15 missing values generated)

file rxridge1. dta saved

RXridge: Scaled MSE Risk Estimates...

obs was 0, now 21

(15 missing values generated)

file rxridge2. dta saved

RXridge: Excess Eigenvalue Estimates...

obs was 0, now 21

(15 missing values generated)

file rxridge3. dta saved

RXridge: Inferior Direction Cosine Estimates...

obs was 0, now 21

(15 missing values generated)

file rxridge4. dta saved

RXridge: Shrinkage DELTA Factors...

obs was 0, now 21

(15 missing values generated)

file rxridge5. dta saved

RXridge: Estimated Sigma = . 80171026

RXridge: Uncorrelated Components...　　　　Number of obs = 0

environmen ~ n	Coef.	Std. Err.	t	P > |t|	[95% Conf.	Interval]
c1	. 1090736	. 0289597	3. 77	0. 000	. 0519982	. 1661489
c2	. 5098331	. 0540744	9. 43	0. 000	. 4032602	. 6164061
c3	-. 3761136	. 1038818	-3. 62	0. 000	-. 5808496	-. 1713776
c4	-. 3339015	. 1088594	-3. 07	0. 002	-. 5484477	-. 1193553
c5	. 3545197	. 1792457	1. 98	0. 049	. 0012523	. 7077871

.

```
---------------------------------------------------------------------------
      name:武陵山片区
       log:  C:\数据\kl\面板数据 岭回归\data\11group. log
  log type:  text
resumed on:  28 Feb 2016,22:51:47

.

. neweyvif
     Variable |      VIF       1/VIF
-------------+----------------------
        GDPln |      9.17    0.108994
       GDPln2 |      8.03    0.124537
      tech2ln |      2.42    0.412779
      tech1ln |      2.42    0.413795
    popsourln |      1.11    0.898878
-------------+----------------------
     Mean VIF |      4.63

.

. rxridge environmentln popsourln GDPln tech1ln tech2ln GDPln2
RXridge:   Shrinkage Path has Qshape = 0.00
RXridge:   Adjusted response sum-of-squares =          191
RXridge:   OLS Residual Variance = .65848089
RXridge:   Variance of Principal Correlations = .00344754
MCAL =   0.000...  True   OLS Summed SMSE =    .121237
MCAL =   0.250...  Estimated Summed SMSE = .13066285
MCAL =   0.500...  Estimated Summed SMSE = .20376624
MCAL =   0.750...  Estimated Summed SMSE = .31872139
MCAL =   1.000...  Estimated Summed SMSE = .45640795
MCAL =   1.250...  Estimated Summed SMSE = .60230624
MCAL =   1.500...  Estimated Summed SMSE = .74701135
MCAL =   1.750...  Estimated Summed SMSE = .88547275
MCAL =   2.000...  Estimated Summed SMSE = 1.0156513
MCAL =   2.250...  Estimated Summed SMSE =   1.137243
```

MCAL = 2. 500... Estimated Summed SMSE = 1. 2507653

MCAL = 2. 750... Estimated Summed SMSE = 1. 3570126

MCAL = 3. 000... Estimated Summed SMSE = 1. 4567703

MCAL = 3. 250... Estimated Summed SMSE = 1. 5506725

MCAL = 3. 500... Estimated Summed SMSE = 1. 6391277

MCAL = 3. 750... Estimated Summed SMSE = 1. 7222835

MCAL = 4. 000... Estimated Summed SMSE = 1. 8000444

MCAL = 4. 250... Estimated Summed SMSE = 1. 8721613

MCAL = 4. 500... Estimated Summed SMSE = 1. 9383883

MCAL = 4. 750... Estimated Summed SMSE = 1. 9986518

MCAL = 5. 000... Estimated Summed SMSE = 2. 0531578

RXridge: Shrinkage Coefficients...

obs was 0, now 21

(15 missing values generated)

file rxridge1. dta saved

RXridge: Scaled MSE Risk Estimates...

obs was 0, now 21

(15 missing values generated)

file rxridge2. dta saved

RXridge: Excess Eigenvalue Estimates...

obs was 0, now 21

(15 missing values generated)

file rxridge3. dta saved

RXridge: Inferior Direction Cosine Estimates...

obs was 0, now 21

(15 missing values generated)

file rxridge4. dta saved

RXridge: Shrinkage DELTA Factors...

obs was 0, now 21

(15 missing values generated)

file rxridge5. dta saved

RXridge: Estimated Sigma = . 81146836

```
RXridge:  Uncorrelated Components...                    Number of obs =      0
--------------------------------------------------------------------------
environmen~n |      Coef.   Std. Err.      t    P>|t|    [95% Conf. Interval]
-------------+------------------------------------------------------------
          c1 |   .1014879   .0325105    3.12   0.002    .0373512    .1656247
          c2 |   .4169087   .0577564    7.22   0.000    .3029669    .5308505
          c3 |  -.0247437   .0996054   -0.25   0.804   -.2212452    .1717578
          c4 |  -.5326186   .1084656   -4.91   0.000   -.7465995   -.3186377
          c5 |   .9846503    .231848    4.25   0.000    .5272605     1.44204
--------------------------------------------------------------------------
.
--------------------------------------------------------------------------
--------------------------------------------------------------------------
      name:乌蒙山片区
       log:  C:\数据\kl\面板数据 岭回归\data\11group.log
  log type:  text
resumed on:  28 Feb 2016,22:51:50
.
. neweyvif
    Variable |       VIF       1/VIF
-------------+----------------------
     GDPln2 |     11.43    0.087525
      GDPln |     10.88    0.091921
    tech1ln |      2.82    0.353989
    tech2ln |      2.37    0.421815
   popsourln |      1.14    0.875872
-------------+----------------------
    Mean VIF |      5.73
.
. rxridge environmentln popsourln GDPln tech1ln tech2ln GDPln2
RXridge:  Shrinkage Path has Qshape = 0.00
RXridge:  Adjusted response sum-of-squares =        110
RXridge:  OLS Residual Variance = .42591302
```

RXridge: Variance of Principal Correlations = .00387194

MCAL = 0.000... True OLS Summed SMSE = .26037761

MCAL = 0.250... Estimated Summed SMSE = .19729139

MCAL = 0.500... Estimated Summed SMSE = .15636221

MCAL = 0.750... Estimated Summed SMSE = .13787606

MCAL = 1.000... Estimated Summed SMSE = .14233295

MCAL = 1.250... Estimated Summed SMSE = .17017055

MCAL = 1.500... Estimated Summed SMSE = .22137097

MCAL = 1.750... Estimated Summed SMSE = .29517648

MCAL = 2.000... Estimated Summed SMSE = .39367019

MCAL = 2.250... Estimated Summed SMSE = .51888197

MCAL = 2.500... Estimated Summed SMSE = .66430798

MCAL = 2.750... Estimated Summed SMSE = .82667707

MCAL = 3.000... Estimated Summed SMSE = 1.0023058

MCAL = 3.250... Estimated Summed SMSE = 1.1872162

MCAL = 3.500... Estimated Summed SMSE = 1.3772093

MCAL = 3.750... Estimated Summed SMSE = 1.5679422

MCAL = 4.000... Estimated Summed SMSE = 1.7550865

MCAL = 4.250... Estimated Summed SMSE = 1.9346248

MCAL = 4.500... Estimated Summed SMSE = 2.1032619

MCAL = 4.750... Estimated Summed SMSE = 2.2588086

MCAL = 5.000... Estimated Summed SMSE = 2.4003631

RXridge: Shrinkage Coefficients...

obs was 0, now 21

(15 missing values generated)

file rxridge1.dta saved

RXridge: Scaled MSE Risk Estimates...

obs was 0, now 21

(15 missing values generated)

file rxridge2.dta saved

RXridge: Excess Eigenvalue Estimates...

obs was 0, now 21

(15 missing values generated)

file rxridge3. dta saved

RXridge: Inferior Direction Cosine Estimates...

obs was 0, now 21

(15 missing values generated)

file rxridge4. dta saved

RXridge: Shrinkage DELTA Factors...

obs was 0, now 21

(15 missing values generated)

file rxridge5. dta saved

RXridge: Estimated Sigma =. 65262012

RXridge: Uncorrelated Components... Number of obs = 0

environmen ~ n	Coef.	Std. Err.	t	P > |t|	[95% Conf.	Interval]
c1	.1111036	.0344729	3.22	0.002	.0427502	.179457
c2	.5323455	.0618349	8.61	0.000	.4097384	.6549527
c3	-.6338485	.0955139	-6.64	0.000	-.8232348	-.4444621
c4	-.6070932	.1226519	-4.95	0.000	-.8502893	-.3638972
c5	-.1356617	.2858669	-0.47	0.636	-.702483	.4311596

.

.

name: 燕山太行山片区

log: C:\数据\kl\面板数据 岭回归\data\11group. log

log type: text

resumed on: 28 Feb 2016, 22:51:53

.

. neweyvif

Variable	VIF	1/VIF
GDPln	5.94	0.168294

```
     GDPln2 |      5.67    0.176513
    tech2ln |      2.02    0.494726
    tech1ln |      1.49    0.670607
  popsourln |      1.10    0.905420
-------------+----------------------
    Mean VIF |      3.24

.

. rxridge environmentln popsourln GDPln tech1ln tech2ln GDPln2
RXridge:  Shrinkage Path has Qshape =0.00
RXridge:  Adjusted response sum-of-squares =          98
RXridge:  OLS Residual Variance =.67644225
RXridge:  Variance of Principal Correlations =.00690247
MCAL =  0.000... True   OLS Summed SMSE =.16555346
MCAL =  0.250... Estimated Summed SMSE =.13831361
MCAL =  0.500... Estimated Summed SMSE =.12994812
MCAL =  0.750... Estimated Summed SMSE =   .1350429
MCAL =  1.000... Estimated Summed SMSE =.14887936
MCAL =  1.250... Estimated Summed SMSE =.16785478
MCAL =  1.500... Estimated Summed SMSE =.18961326
MCAL =  1.750... Estimated Summed SMSE =.21290933
MCAL =  2.000... Estimated Summed SMSE =.23733208
MCAL =  2.250... Estimated Summed SMSE =.26301433
MCAL =  2.500... Estimated Summed SMSE =   .2903906
MCAL =  2.750... Estimated Summed SMSE =.32003059
MCAL =  3.000... Estimated Summed SMSE =.35328397
MCAL =  3.250... Estimated Summed SMSE =.38997294
MCAL =  3.500... Estimated Summed SMSE =.43027288
MCAL =  3.750... Estimated Summed SMSE =   .4740652
MCAL =  4.000... Estimated Summed SMSE =.52091221
MCAL =  4.250... Estimated Summed SMSE =.57008201
MCAL =  4.500... Estimated Summed SMSE =.62062766
MCAL =  4.750... Estimated Summed SMSE =.67150862
MCAL =  5.000... Estimated Summed SMSE =.72172636
```

```
RXridge:   Shrinkage Coefficients...
obs was 0,now 21
(15 missing values generated)
file rxridge1.dta saved
RXridge:   Scaled MSE Risk Estimates...
obs was 0,now 21
(15 missing values generated)
file rxridge2.dta saved
RXridge:   Excess Eigenvalue Estimates...
obs was 0,now 21
(15 missing values generated)
file rxridge3.dta saved
RXridge:   Inferior Direction Cosine Estimates...
obs was 0,now 21
(15 missing values generated)
file rxridge4.dta saved
RXridge:   Shrinkage DELTA Factors...
obs was 0,now 21
(15 missing values generated)
file rxridge5.dta saved
RXridge:   Estimated Sigma = .82246109
RXridge:   Uncorrelated Components...                Number of obs = 0
------------------------------------------------------------------------------
environmen~n |      Coef.   Std. Err.      t    P>|t|     [95% Conf. Interval]
-------------+----------------------------------------------------------------
          c1 |   .0706539   .0490748     1.44   0.153     -.026799    .1681068
          c2 |   .5256228   .0791229     6.64   0.000     .3685005    .6827451
          c3 |  -.0467202   .1120601    -0.42   0.678    -.2692493    .1758089
          c4 |  -.1723244   .1335414    -1.29   0.200    -.4375111    .0928624
          c5 |   .5286924   .2700515     1.96   0.053    -.0075764    1.064961
------------------------------------------------------------------------------
```

后　记

本书的出版首先要感谢西南大学农村经济与管理研究中心，尤其是张应良教授对内容修改和书籍出版给予了细致的指导和大力的支持，在此表示衷心的感谢！

本书源于博士论文，成稿之日又再次回想起了那段博士求学经历，既充满了收获的喜悦，又有一种难以割舍的依恋。四年的求学生活弹指间过去，但却给了我一生受益不尽的宝藏。四年来，我时而穿梭在主楼和宿舍楼之间短短的一百来米，时而奔波在北京到北碚之间漫长的几千公里；求知之路唯有坚定目标坚持努力，而不在乎距离之远近。

正如主题一样，攻读博士学位是一个系统工程，需要感谢的人和事太多太多。感谢朱立志老师一直以来的悉心教导。导师全力支持我去尝试新思路和新方法，多方联络获取数据支持，师生合作无间，协力同心。导师对工作的热情和专注让做学生的时常感到深深的自责，时时刻刻鞭策着我不断努力。师恩难忘！

在求学期间，有幸得到李思经老师、孙东升老师、吕新业老师、方静老师等众多良师的指导和帮助。各位老师教导方式方法有别，传道授业之心无异，使我受益颇深。感谢孔祥智教授、丁声俊研究员、靳乐山教授、郑风田教授、王月华研究员等老师在开题、中期和答辩等全过程中给予的宝贵意见和建议。感谢中国科学院资源环境科学数据中心和地球系统科学数据共享平台在科学数据上的无私支持。此外要特别感谢班主任杨从科老师的辛苦付出，让大龄学生依然能够体验到集体学习的欢乐和温暖。

兼顾求学与工作，难免有处置不周全之处，感谢李加纳教授、卢跃进书记、何光华教授、赵子华书记、唐章林教授、王季春教授、张建奎副院长，以及其他同仁给予的极大支持。感谢徐鑫等同事和诸多同学在科研和教学具体工作中给予的帮助。

家人的关怀始终伴随着我不断前行。父母为我倾注了全部的心血，是他们无私的关怀使我一直可以衣食无忧地度过求学生活。断断续续已离家异地求学十余年，但是父亲二十年前起早贪黑、风雨无阻接送我上学的情景至今历历在目；母亲依旧如小学时代一般关心着我的学习和衣食起居。如今，谈不上学业即成，在完成人生一个重要学习阶段之际，感谢父母多年来给予我的最无私、最真诚的关怀和支持，祝父母身体永远健康！我的妻子同样是一名大学教师，在整个相识相知的过程中，往往不得不迁就于博士的科研工作。新婚之后，一直是她鼓励陪伴着我完成了论文答辩和书稿写作；日常工作、照顾父母、孕育生命的巨大责任都由她独自承担。在感到深深愧疚的同时，我更想说的是感谢一生有你陪伴！

博士毕业之后即进入西南大学农村经济与管理研究中心从事博士后研究工作，合作导师张应良教授不仅在研究设计、项目申报、课题执行等诸多方面给予指导，同时以最大的包容心对个人成长和科学研究予以全力支持。有幸得到温涛教授、段豫川教授、邓宗兵教授、杨丹教授、刘新智教授、王图展教授、刘自敏教授等贤达之士的关心指导。在与杨芳、亚东、王硕等同学的研讨探究中时常获得启发和灵感。在此深表感谢！

孔　立

2018 年 1 月